KB202971

포스트 코로나 시대의 리더십,

정의로운 교회

ㄹ

글과길

포스트 코로나 시대의 리더십,

정의로운 교회

박윤성 저

발행일	2022년 6월 11일
발행인	김도인
펴낸곳	글과길
	등록 제2020-000078호[2020.5.29]
	서울특별시 송파구 삼학사로 19길5 3층 [삼전동]
	wordroad29@naver.com
편집	이영철
디자인	디자인소리 ok@dsori.com
공급처	하늘유통
	경기도 파주시 광탄면 분수리 350-3
	전화 031-947-7777
	팩스 0505-365-0691

© 2022. Park Yoonsung all rights reserved.

ISBN 979-11-978184-1-7 03230

가격 13,000원

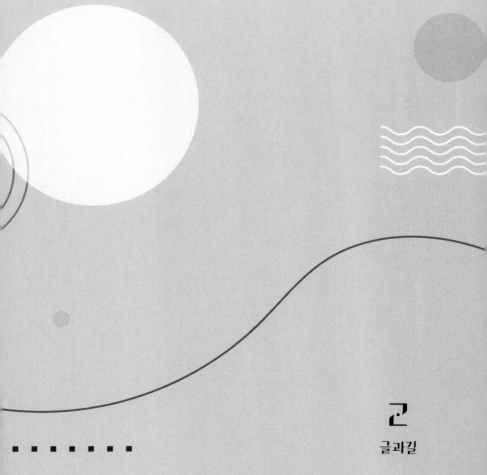

포스트 코로나 시대의 리더십,

정의로운 교회

글과길

추천사

이 책은 생존하기에 급급한 포스트 코로나 시대에 선명한 교회 리더십을 제시한다. 시대의 화두에 어울리는 분배적 정의를 품은 아가페 사랑이다.

정의를 배제한 사랑은 사랑이 아니다. 교회들이 지역을 기반으로 함에도 지역과 동떨어진 그들만의 리그로 전락했다. 지역에 영향력을 끼치는 대안적 교회의 사명을 다한다. 고난 중에 있는 약자를 외면하지 않고, 시대적 소명을 다하는 열린 리더십이다.

어떻게 교회가 구체적으로 지역을 섬길 수 있는지를 실천적으로 보여 준다. 미혼모 사업, 재난지원금 지원, 독서 클럽, 장학 사업, 교육 사업, 라면 나눔 등으로 지역 사회나 지역 교회와 동반 성장을 추구하여 아름다운 생태계를 만든다.

적용 가능한 목회 비전을 공유함으로 독자들에게 동기를 부여한다.

한국교회가 정의의 리더십으로 지역을 섬기는 영향력 있는 교회로 서기를 기대한다. 편안하고 호소력 있는 글쓰기는 독자에게 주어진 덤이다.

조성천 목사이리중앙교회 담임

코로나로 인한 혼돈의 시대에 이 시대의 탁월한 목회자 박윤성 목사님의 《포스트 코로나 시대의 리더십, 정의로운 교회》가 탄생했다. 방향을 잃은 수많은 목회자에게 길을 제시해주는 등불과 같은 책이다. 읽으면서 목회의 많은 아이디어와 실천신학적 적용을 하게 한다. 이 책은 영향력을 통한 교회의 리더십을 세우게 한다.

혼돈의 시대에 명확한 길을 따라가면서 행복한 목회와 삶이 되기를 바라며 강추한다.

김종혁 목사명성교회 담임, 전, 예장 합동측 총회 서기 코로나 시대에 교회는 그동안 자연스럽게 해온 예배와 모임, 전도와 선교에 적지 않은 난항을 겪었다. 많은 교회가 이를 극복하고자 눈물의 기도와 함께 하나님의 지혜와 전략을 구했다. 저자 역시 이런 고민을 해 왔고, 본서는 그 흔적이며 귀한 열매라 할 수 있다.

저자는 본서에서 코로나 펜데믹 상황에서 기쁨의 교회가 경험한 은혜들을 나누면서 포스트 코로나 시대에 꼭 필요한 교회의 모습과 방향들을 도전한다. 이 이야기에는 하나님의 위대한 일하심이 고스란히 담겨 있어 큰 은혜가 넘친다.

저자는 "하나님의 은혜를 받은 교회가 세상에 그 은혜를 흘려보내야 한다"며 그것을 '정의로운 교회'라 부른다. 코로나 엔데믹이 시작되었다. 하나님께서 부어주신 은혜를 세상에 나누었던 저자의 '하나님의 역사 이야기'는 코로나 엔데믹을 마주한 우리에게 지혜가 되고, 전략의 기초를 놓는 자양분이 될 것이다.

김성일 목사대구부광교회 담임

저자가 이 책에서 다루고 있는 '정의'는 성경에서 말하는 핵심 이슈다. 정의는 예수님의 사역과 구약의 예언적 전통에서도 중심에 있었다. 우리가 기도와 말씀과 예배를 강조하지만, 예언자들은 성경 곳곳에서 사회적 약자에 대해서도 말하고 있다. 저자는 바로 성경의 가르침을 통해 포스트 코로나 시대의 교회가 정의를 어떻게 실천할 수 있는지를 구체적으로 보여 준다. 리더의 꿈이 모두의 꿈이 될 때 교회가 얼마나 멋지게 변할 수 있는가를 이 책을 읽으면 보게 될 것이다. 정의와 선교적 교회에 대한 고민이 있다면 이 책을 꼭 읽어보길 추천한다. 정말 좋은 대안과 길잡이가 될 것이다.

이정일 목사 《나는 문학의 숲에서 하나님을 만난다》의 저자저는 박윤성 목사님과 전북서번트리더십훈련원 사역을 함께 시작하며 지난 수년간 기쁨의교회 사역을 주목하여 보았습니다. 전통적인 교회는 변화되지 않는다고 얘기하는데, 기쁨의교회는 전통적인 교회의 변화에 통찰력을 주는 교회입니다.

기쁨의 교회는 교회의 구조, 프로그램, 성전 건축에 앞서 철저한 훈련과정을 통해 목회자와 교우들이 갈등을 극복하고 비전을 공유하고 역동적인 사랑방 소그룹 사역을 통해 하나님 사랑과 다양한 소외된 이웃을 위한 정의(공정)를 실천하는 정의로운 교회로 세워져 왔습니다.

조용하지만 예수님의 제자도가 철저하게 강조되는 교회, 사회봉사를 강조하면서도 개인적인 영성을 강조하는 교회. 기쁨의 교회는 이 시대에 치열하게 생존을 고민하는 많은 교회들의 실제적인 대안을 제시하는 교회입니다.

생존을 넘어 진정한 실존을 고민하는 모든 교회에 사역의 실제적인 매뉴얼이 될 수 있는 이 책을 기쁨으로 추천하고 싶습니다.

유성준 교수 전 협성대학 교수, 한국 서번트리더십훈련원 대표

이 책을 읽으면서 내내 행복했습니다. 왜냐하면 기쁨의 교회가 포스트 코로나 시대에 하나님이 기뻐하시는 교회의 사명을 감당하고 있기 때문입니다. 코로나 시대를 지나면서 성경에서 말하는 약한 자를 배려하고 섬기는 사역이 얼마나 가치 있는 일인지 더욱 실감하게 하는 책입니다.

포스트 코로나 시대에 오히려 하나님의 정의를 구현하려고 세상 속으로 들어가는 정의로운 교회의 모습을 보여 주고 있어 큰 도전이 됩니다. 그리고 하나님의 정의가 한 영혼에서 공동체로, 다음 세대로, 그리고 지역을 넘어 세계 속으로 퍼져나가는 모습을 실제로 다루고 있어 감사했습니다. 특히 리더가 하나님의 선한 일들을 꿈꾸면 그런 교회가 된다는 저자의 말에 힘을 얻습니다.

이 책을 통해 정의로운 교회가 곳곳에서 많이 일어나기를 바라면서, 지역 사회에 선한 영향력을 끼치며 하나님 나라가 이 땅에 이루어지기를 꿈꾸는 모든 교회와 리더들에게 이 책을 추천합니다.

양충만 목사 창원왕성교회 담임

지난 2년이 넘는 시간 동안 대부분 교회는 코로나 이전으로 돌아가게 해 달라고 기도했다. 그러나 우리를 둘러싼 환경은 그 이전으로 되돌아갈 수 없다. 대부분 교회는 팬데믹 동안 무엇을 준비했고, 어떻게 변화에 직면해야 할 것인지에 대한 값비싼 '청구서'를 받아들게 될 것이다. 청구서에 대처할 수 있는 교회만이 포스트 코로나 시대를 헤쳐나갈 수 있다. 다시 말해서 예전처럼 사회와 담을 쌓고 울타리를 친 교회는 세상 사람들의 눈에는 견고한 성채城砦 그 이상도 그 이하도 아니다.

그렇다면 '청구서'에 어떻게 대처할 수 있을까? 한마디로 표현하자면 '정의'다. 저자는 교회와 세상이 소통하고 공감할 수 있는 의미로 이 단어를 채택했다. 그뿐만 아니라 구체적으로 어떻게 '정의'를 발휘할 수 있는지 구체적으로 기록하고 있다.

이 책을 통해 많은 교회가 세상과 소통하고, 나아가 세상의 빛이 되는 사명을 감당할 수 있기를 진심으로 소망한다.

박양규 목사 교회교육연구소, 《리셋 주일학교》 저자

박윤성 목사를 27년을 지켜보았습니다. 그래서 제가 박목사님을 좀 압니다. 그는 '착한 목사'입니다. 그는 '좋은 목사'입니다. 그는 '진실한 목사'입니다.

그런데 이 책을 읽으면서, 더 알게 된 것이 있습니다. 그는 '꿈이 있는 목사'입니다. 그리고 하나님의 교회를, 하나님의 교회답게 만들고 싶은, 그래서 사랑과 섬김과 긍휼함이 가득한 '정의로운 교회'로 만들어드리려는 '소원이 있는 목사'입니다.

그는 친구 목사, 동료 목사들에게 '선한 감동을 주는 목사'입니다. 그래서 이 책을 읽으면서, 몇 번을 울컥하였습니다.

그리고 그는 선배 목사님들의 사랑의 빚진 자가 되어, 후배 목사님을 '사랑으로 섬기는 목사'입니다.

이경렬 목사구로 동광교회 담임

이 책은 팬데믹 이후에 교회가 지녀야 할 리더십을 '정의' 실현으로 규정한다. 보통 교회의 리더십을 섬김, 용기, 사랑으로 규정하는 것으로 볼 때 좀 특별하다.

팬데믹으로 인해 한국 교회의 리더십은 엄청난 도전을 받았다. 엄청난 도전은 리더십의 혼란으로 이어졌다. 도전과 혼란만 있었던 것은 아니다. 팬데믹 이후 교회의 미래에 대한 희망도 동시에 잠재되어 있다. 이 책은 교회 리더십의 도전, 혼란, 그리고 교회의 미래의 답을 '정의'에서 찾는다.

팬데믹이 왔을 때 교회는 위기를 어떻게 극복하느냐에 집중했다. 극복에만 초점을 맞추면 교회는 방향성을 잃을 수 있다. 저자는 팬데믹 이후 교회 리더십의 방향을 '정의'에 맞추라고 한다.

이 책은 팬데믹 이후의 교회 리더십의 최적의 모델을 제시한다. 목회 현장에서 목회자가 리더십을 어떻게 발휘해야 하는지, 경험을 근거로 대안을 제시한다. 대표적인 리더십 모델이 '미혼모 시설인 기쁨의 하우스', '산타가 주는 사랑의 상자', '공공신학연구소' 등이다.

팬데믹 이후 어떤 리더십으로 목회해야 하는가를 고민하는 목회자들에게 이 책은 더할 나위 없이 훌륭한 지침서가 되어 줄 것이다.

김도인 목사 아트설교연구권 대표, 《설교는 글쓰기다》의 저자 한국 기독교는 한때 유사 크리스텐덤이라 불릴 정도로 부흥을 누렸던 때가 있었다. 그러나 21세기 들어 한국 기독교는 쇠퇴해가고 있으며, 지난 2년간의 코로나 팬데믹으로 인해 그 정도가 더욱 심해졌다. 비기독교인들은 기독교에 관심이 없는 정도를 넘어서 강하게 비난, 또는 혐오하는 정도까지 이르렀다.

이런 상황이 이전과는 비교가 되지 않을 정도로 심각하다는 것을 느낀 교회들은 '도대체 무엇이 문제인가?'를 고민하지 않을 수 없었다. 많은 고민과 연구 끝에 한국 교회가 공적 교회의 역할을 잃었으며, 복음의 공적 능력이 터부시되어왔다는 점이 매우 중요한 원인이라는 것을 발견했다. 결국, 한국 교회가 공적 교회의 역할을 다시 감당하고 복음의 공적 능력이 드러날 때 잃어버린 신뢰를 회복할 수 있다는 것이다. 이런 이유로 세계 기독교계는 물론이고 한국 기독교계에서도 '공공신학'이 주목을 받고 있다.

박윤성 목사가 목양하는 기쁨의교회는 공공신학을 추구하는 교회의 모델이다. 기쁨의교회는 교회가 위치한 익산

지역에서 공적 교회의 역할을 이미 훌륭하게 해왔다. 많은 교회가 교회의 몸집 불리기에 매달릴 때 기쁨의교회는 익산이라는 도시를 더 나은 사회로 만들기 위해 교회가 어떻게 기여할 것인가를 수년 전부터 고민했다. 그리고 그 고민은 그저 생각에 머문 것이 아니라 즉각 실천되었다. 이런 이유로 인해 지독한 팬데믹의 상황 속에서도 기쁨의교회는 지역주민들에게 여전히 좋은 이미지로 남아있을 수 있었다. 엄중한 코로나 시기에도 꾸준히 새가족이 등록했으며, 코로나 방역지침이 해제되고 난 이후로 비교적 빠른 회복을 보이고 있다.

박윤성 목사의 공적 교회를 향한 열망과 성도들의 격려와 협조가 없이는 불가능한 일이었을 것이다. 특히 이런 일은 리더의 확고한 신념이 그 성공을 좌우한다. 경험을 통해 누구보다도 이 사실을 뼈저리게 느꼈던 박윤성 목사는 자신이 가진 노하우를 이 책을 통해 나눈다. 이를 통해 더 많은 교회가 이 어려운 시기를 이겨내어 함께 성장하는 한국 기독교를 보고 싶은 마음일 것이다.

이 책의 어느 한 부분도 대충 읽을 곳이 없지만, 특히 이 책의 앞부분은 매우 중요하다. '정의로운 교회 되기'에 동의하지 않는다면 그 이후의 논의가 귀에 안 들어올 것이기 때문이다. 게다가 어떻게 정의를 실천하는 교회가 될 수 있는지 그 실례를 들어주기 때문에 이 논의가 그저 관념적인 논의로 끝나지 않을 수 있다. 기쁨의교회가 직접 실천하여 좋은 성과를 보인 이 시도들을 통해 각 교회는 그 지역 현실에 맞는 실천 방법을 고안해 낼 수 있을 것이다. 교회들의 이러한 시도가 풍성해질수록 한국 기독교는 이 사회에서 환영받을 수 있을 것이며, 이것이 바로 하나님이 원하시는 교회의 모습임을 확신한다. 아무쪼록 한국 교회가 이 책을 통해 많은 유익을 누리기를 바라면서 이 책을 추천한다.

김민석 소장 한국공공신학연구소

"사회참여" 이것은 보수 교단의 기성 목회자에게는 애증의 단어가 아닐까 싶다. 교회는 여러 가지 갈등과 문제들을 안고 있는 지역 사회에 자리를 잡고 있다. 그러나 우리는 이러한 갈등과 문제들에 관심을 두지 않고 전도와 예배에 몰두하는 목회자를 이상화시켜왔다. 그러나 지금은 하나님 나라 신학이 사회를 보는 복음의 눈을 열어 교회의 사회참여가 얼마나 시급한 문제인지 알게 되었다. 본서는 단지 포스트 코로나 시대뿐 아니라 교회의 사회 참여가 요구되는 긴박한 이때 리더십들에게 훌륭한 지침을 제공하여 준다. 새 시대를 열어가시는 경륜에 순종하여 하나님이 기뻐하시는 의의 열매를 맺어내고자 하는 모든 교회의 리더들에게 일독을 권한다.

예동렬 목사울산 우정교회 담임

전 세계적으로 패러다임의 전환이 필요한 시점입니다. 한국 교회에는 그 필요성이 더욱 크다고 할 수 있습니다. 변화와 혼돈의 시대에 우리 사회가 나아갈 방향을 제시하고 그 흐름을 선도해야 할 책임이 바로 교회와 그 리더들에게 있기 때문입니다.

박윤성 목사님의 신간 《정의로운 교회》는 목회 리더십에서의 패러다임 전환을 촉구하고 있습니다. 포스트 코로나 시대에 교회가 발휘할 리더십의 핵심은 바로 이웃사랑임을, 그것이 바로 하나님의 정의이며 한국 교회의 신뢰와 명예를 회복할 수 있는 길임을 명확히 밝히고 있습니다. 교회에 필요한 리더십을 '정의'에서 찾고 있다는 점이 새롭습니다.

리더십의 내용을 구체적으로 제시하고 실천하고 있는 현장 목회자의 목소리가 담겨 있기에 더욱 설득력을 지닙니다. 공부하는 목회자, 꿈을 꾸고 비전을 제시하며 함께 목표를 이루어가는 지도자, "설교는 강단에서 내려온 다음부터 시작된다"는 말을 실행에 옮기고 있는 설교자의 외침이기에 마음에 더욱 깊이 와닿습니다.

교회를 정의롭게 세워 진정한 십자가의 정신을 실천하고
자 하는 한국 교회의 모든 리더들에게 박윤성 목사님의 이
책을 기꺼이 추천합니다.

고광윤 교수슬로우 미러클, 연세대학교 영어영문학과 교수

프롤로그

먹고도 남는 기적, 나눌수록 풍성해지는 음식. 예수 그리스도의 오병이어의 기적을 우리는 잘 알고 있다. 지금도 이런 기적이 가능할까?

Mac Barnett의 영어 그림책인 《Extra Yarn》쓰고도 남는 실타래이 있다. 추운 겨울 가난한 소녀Annabelle가 있었다. 이 소녀가 길에서 형형색색의 실이 담긴 작은 상자를 발견한다. 손 뜨개질의 솜씨가 있는 소녀는 자기와 자기 반려견을 위해 점퍼를 만든다. 놀랍게도 점퍼를 다 만들어도 여전히 여분의 실이 남아있었다. 무채색의 옷만 입고 있던 친구들의 놀림이 있었지만, 소녀는 친구들을 위해 점퍼를 만들어 준다. 그래도 여분의 실이 남는다. 학교에 갔더니 친구들이 이상한

눈으로 본다. 자기들은 어두운 색깔의 옷을 입고 있었기 때문이다. 부러움 반, 놀림 반으로 말하는 친구들을 위해 소녀는 아름다운 옷을 지어준다. 심지어는 가로등, 나무, 고양이, 새, 우체통까지도 아름다운 옷으로 치장해 준다. 그러자 서서히 그 작은 마을은 아름답고 화려한 도시로 변한다. 그야말로 쓰고도 남는 기적이 일어났다. 나눌수록 실타래 상자에서는 실이 계속 나온 것이다.

예수 그리스도께서는 "너희가 먹을 것을 주라"라고 말씀하셨다. 한 소년의 작은 도시락을 주님의 손에 올려 드렸더니 오병이어의 기적이 일어났다. 주님은 지금도 우리에게 말씀하신다. "너희가 먹을 것을 주라." 우리 손에 있는 작은 것을 드리면 지금도 기적이 일어난다.

교회는 세상을 향해 나눌 줄 알아야 한다. 복음예수 그리스도와 그분이 하신 일을 나누고 빵을 나눠야 한다. 복음과 빵은 동전의 양면과도 같다. 영혼 구원의 사명을 이루기 위해 오병이어도 필요한 것이다. 그런데 놀라운 것은 교회가 나누는 일을 시작하면 《Extra Yarn》처럼 쓰고도 남는다. 베푸는데도 또 나오게 된다. 오병이어의 기적은 지금도 가능하다.

성경은 정의로운 교회가 되기를 명령하신다. 하나님의 정의는 고아와 과부와 나그네를 잘 대접하는 일이다. 우리가 고아와 같았고 남편 없는 과부와 같았으며 나그네 인생을 살았기에 그들을 기억하라는 것이다.

포스트 코로나 시대, 코로나 엔데믹 시대라고 한다. 코로나19 시기를 지나오면서 교회의 신인도가 얼마나 많이 손상되었는가? 참 안타까운 일이다. 원인 규명을 하기보다 교회의 본질과 사명을 다시 붙잡으면 좋겠다. 복음으로 살아가고 복음을 전해야 한다. 복음을 전하면서 동시에 빵을 주는 교회가 되면 좋겠다. 그러면 어느 날 다시 교회는 존귀하게 될 것이며 세상의 빛과 소금이 될 것이다. 작은 일부터 서서히 실천하면 그날을 함께 보리라 생각한다. 교회의 리더들과 성도들이 함께 기도하며 실천하기를 소망해 본다. 먹고도 남는 기적은 지금도 진행형이다.

저자 **박윤성** 목사

포스트 코로나 시대의 리더십,

정의로운 교회

차례

I

포스트 코로나 시대가
원하는 리더

>>>>>

포스트 코로나 시대 교회는
더욱 정의로워야 한다

교회에 대한 기대감을 높이라
- 사회에 관심 갖는 리더

정의를 실천하는 교회
  - 사회적 약자를 위한 프로그램을 생각하라

1.

포스트 코로나 시대
교회는 더욱 정의로워야 한다

왜 공정을 이야기하는가

공정과 정의는 이 시대의 화두가 되었다. 젊은이들이 공정
과 정의를 부르짖는 이유가 무엇인가? 그것은 금수저로 태
어나 엄마 찬스, 아빠 찬스를 누리는 사람들 때문이다. 부동
산 투기로 부자가 되어 좋은 자동차를 타는 청년들이 문제
를 일으키기 때문이다. 누구는 공시생으로 힘들게 공부하여
겨우 원하는 직장을 얻는데, 누구는 할아버지의 재산과 엄
마의 정보력으로 잘 나가기 때문이다. 공정과 정의를 부르
짖는 사람들의 내면에는 상대적 소외감이 존재한다. 상대적
박탈감이 자리 잡고 있다.

경기신문에서는 청년들이 우리 사회를 보는 시각을 이렇게 이야기한다.

안산시에서 청년 공간 '상상대로'를 운영 중인 문지원 (33) 센터장은 그동안 청년들의 의견을 청취하고 생각해 본 결과, 청년들이 바라는 공정으로 '기회의 평등'과 '노력한 만큼의 결과를 얻는 것' 두 가지를 제시했다. 그러면서 이 둘은 현재 우리 사회가 갖추지 못하고 있는 것이라고도 덧붙였다. 문 센터장은 "청년들이 하는 노력에 비해서 기회가 평등하게 주어지지 않고 있다"라며, "기회의 평등이라는 것이 정치권의 메시지로만 나갔을 뿐 실질적으로 청년들에게 다가오는 것은 없다"라고 주장했다.

교회 생태계 안에서도 불공정의 모습이 종종 드러난다. 아빠 찬스로 대형교회를 세습하여 담임목사가 되는 경우가 있다. 물론, 그 아들이 실력과 영성이 출중하여 교인들이 모두 좋아한다면 그럴 수도 있을 것이다. 하지만, 그런 실력이라면 다른 교회에 가더라도 잘할 것이다. 문제는 인간의 욕심이지 않겠는가? 법적으로 문제가 없을지라도 사회 정서상

불공정의 문제에 걸린다면 양보하는 것이 크리스천의 양심이 아니겠는가? 사도 바울은 사례를 받을 수 있는 상황, 먹을 수 있는 상황이었으나 믿음이 약한 형제를 위하여 그것들을 포기했다.

> 모든 것이 가하나 모든 것이 유익한 것은 아니요 모든 것이 가하나 모든 것이 덕을 세우는 것은 아니니 누구든지 자기의 유익을 구하지 말고 남의 유익을 구하라 _고전 10:23, 24

나와 함께 유학한 친구 중에 아버지가 두 분이 있는 친구들이 있었다. 하늘 아버지와 땅의 아버지를 둔 것이다. 하늘 아버지는 우리 모두의 아버지이다. 하지만, 그들은 땅의 아버지 찬스로 유학을 비롯해서 담임 목회지까지 보장된 친구들이었다. 땅의 아버지를 잘 둔 금수저 목회자일 것이다. 하지만 이것이 과연 하나님 나라의 법으로 공정한 일이라 볼 수 있겠는가?

영어 속담에 "누군가의 손해는 다른 누군가의 이익이다" Somebody's loss is somebody's gain라는 말이 있다. 이 말을 "누군가의 정의는 누군가의 불의다"로 바꾸어도 될 것 같다. 그리스도인들은 나에게는 정의라 할지라도 타인에게 어려움을 준다면 내 정의를 포기해야 하지 않을까?

반면에 자기의 유익을 위해 기꺼이 정의를 실천하는 경우도 있다. 나에게는 아들 둘이 있어 최근에 논산 훈련소에 두 번 다녀왔다. 논산 훈련소는 엄청나게 많은 면회객으로 붐비는 곳이다. 병사 한 명에 보통 3~4명의 식구가 함께 온다. 그곳은 많은 사람이 붐비는 곳인데도 불구하고 무척 깨끗하다. 그 이유는 다음과 같은 푯말 때문이다.

"쓰레기를 버리지 마시오. 귀하의 자녀들이 청소해야 합니다."

방문객 중에는 자기 자식 고생할까 봐 일부러 쓰레기를 줍는 사람들도 있다고 한다. 정의는 정의인데 자기중심적 정의이다. 그나마 애교로 봐줄 수 있는 일이 아니겠는가?

정의를 저버리거나, 자기중심적 정의를 실천하는 것보다

더 좋은 길은 없을까? 더 좋은 길은 성경에 나타나 있다.

교회는 정의로운가?

공정과 정의를 부르짖는 시대에 교회는 정의로운가? 코로나19COVID19 시기를 지나면서 가장 많이 들었던 이야기 중 하나이다. "또 교회야?" "아직도 교회 나가고 있니?" 젊은이들이 냉소하며 하는 말들이다. 참 안타까운 이야기가 아닌가? 비록 교회의 실수로 아픈 기억들이 있지만, 여전히 교회는 이 세상의 소망이다. 주님께서 교회를 이 세상의 빛이요 소금이라고 말씀하셨기 때문이다.

세상에서 말하는 정의란 무엇인가? 위키백과는 "정의正義, Justice란 사회를 구성하고 유지하기 위해 사회 구성원들이 공정하고 올바른 상태를 추구해야 한다는 가치로, 대부분의 법이 포함하는 이념이다"라고 말한다. 그래서 사회의 정의는 필수적이다. 그 사회를 유지하기 위해서 정의는 필요불가결한 것이다. 정의로운 사회여야 모든 사람이 행복해진다.

성경에서 말하는 정의란 무엇인가? 성경에서는 하나님을 정의로우신 분이라고 말씀한다.

사람아 주께서 선한 것이 무엇임을 네게 보이셨나니 오직 정의를 행하며 인자를 사랑하며 겸손하게 네 하나님과 함께 하는 것이 아니냐 _미 6:8

정의로우신 하나님은 그의 백성들에게도 정의롭게 행하기를 요구하신다. 성경에서의 정의는 윤리적, 법정적 정의도 있다. 하지만 중요하게 여기는 정의는 사회적 약자를 돌보는 것을 말한다.

너희의 하나님 여호와는 신 가운데 신이시며 주 가운데 주시요 크고 능하시며 두려우신 하나님이시라 사람을 외모로 보지 아니하시며 뇌물을 받지 아니하시고 고아와 과부를 위하여 정의를 행하시며 나그네를 사랑하여 그에게 떡과 옷을 주시나니 _신 10:17, 18

그의 거룩한 처소에 계신 하나님은 고아의 아버지시며 과부의 재판장이시라 _시 68:5

너희가 손을 펼 때에 내가 내 눈을 너희에게서 가리고 너희가 많이 기도할지라도 내가 듣지 아니하리니 이는 너희의 손에 피가 가득함이라 선행을 배우며 공의를 구하며 학대받는 자를 도와주며 고아를 위하여 신원하며 과부를 위하여 변호하라 하셨느니라 _사 1:15, 17

하나님이 강조하시는 정의란 고아와 과부, 그리고 나그네를 잘 대접하는 것이다. 사회적인 약자를 배려해 주는 것이 정의이다. 이런 것이라면 우리 교회들이 잘할 수 있는 것이 아닌가? 그동안 한국 교회는 빛도 없이 이름도 없이 사회적 약자들을 위해 사랑을 베풀었던 것이 사실이다. 그런데 어느 순간부터 교회 안에도 경제적인 논리가 들어왔다. 우리 교회와 우리만의 리그를 만들어 왔던 것이다. 그래서 세상이 교회를 이기적인 기득권 단체처럼 보게 된 것이다.

코로나19가 아직도 창궐하고 있지만, 이제 'with 코로나' 시기로 접어들고 있다. 위드 코로나 시기에 꼭 필요한 것은 다시 성경 말씀으로 돌아가는 것이다. 하나님이 강조하신 성경의 정의를 베푸는 교회로 돌아가야 한다. 정의를 회복

하면 교회는 다시 세상으로부터 인정받게 될 것이다. 사회
적 약자를 배려하는 교회는 하나님의 정의를 구현하는 교회
이다. 고아와 과부와 나그네를 잘 대접하는 교회는 세상에
서도 매력적인 교회가 될 것이다.

2.
교회에 대한 기대감을 높이라
– 사회에 관심 갖는 리더

세상은 교회로부터 무엇인가를 기대한다

어느 집사님의 고백이다. 이 집사님은 뒤늦게 하나님의 은 혜를 경험하고 일평생 전도 한 번 못 한 것이 하나님 앞에 죄송스러웠다. 더 늦기 전에 한 사람이라도 꼭 전도하려고 결심했다. 그래서 집 근처에 혼자 사시는 80이 넘은 할아버 지를 초대해서 식사를 대접하며 전도해야겠다고 결심했다. 며느리에게 전도를 위해 멋지게 음식을 한 상 차려달라고 부탁했다. 그리고 며칠 후 그 할아버지를 자기 집으로 초대 했다. 며느리가 얼마나 정성을 다해 음식을 차렸는지 모두 가 감동했다.

집사님이 할아버지에게 정중하게 물었다. "어르신, 제가 명색이 교회 다니는 집사인데, 식사 전에 함께 하나님께 기도드리고 식사를 해도 괜찮겠죠?" 그런데 이 할아버지가 다짜고짜 화를 내시면서 "만약 당신이 음식을 먹기 전에 기도하면, 나는 밥을 안 먹고 그냥 집으로 돌아가겠다"라고 하는 것이었다. 시작부터 기분이 좀 상하긴 했지만, 그래도 그 할아버지의 영혼을 사랑하는 마음으로 모든 것을 양보했다. 집사님 혼자 속으로 기도하고 식사를 하기 시작했다.

그런데 이 할아버지가 자신이 교회 집사인 것을 알고, 식사하는 시간 내내 기독교인들을 욕하는 것이었다. 아마도 자신이 일평생 동안 살아오면서 예수 믿는 사람들 때문에 받은 상처가 많았던 모양이다. 그는 식사하는 동안에 쉬지도 않고 계속해서 독설을 쏟아 놓았다. 계속해서 교회를 비방하고, 목사와 성도들을 비난했다. 듣다못해 자리에서 벌떡 일어나 "할아버지 그만 하세요. 그냥 집으로 돌아가세요"라고 말하려는 순간, 갑자기 마음속에서 누군가의 목소리가 들렸다.

"네가 지금 쫓아내고 싶어 하는 그 사람을 나는 80년 동안 기다렸다. 그런데 너는 그 한 시간, 밥 먹는 시간조차도 기다려 주지 못하느냐? 나는 지금 그 아들이 돌아오기만을 80년을 기다리고 참아왔는데…."라는 주님의 슬픈 음성을 듣게 되었다.

세상이 교회를 비방하는 이유가 있다. 자기가 교회로부터 상처를 받았기 때문에 그렇다. 교인들의 부조리한 모습 때문이기도 하다. 불공정하며 부정직한 모습 때문이기도 하다. 그래서 "예수 믿는 사람이 뭐 그래?" 이런 말을 하는 것이다. 심지어는 우리 크리스천의 입에서도 이런 말이 나온다. 왜 이런 말을 할까? 그 이유는 크리스천에 대한 기대감 때문이다. 믿지 않는 사람들의 입장에 서보면 이해가 되는 말이다. 자기들은 그렇게 살지 못하지만, 그리스도인들만이라도 잘 살아주기를 원하기 때문이다. 세상은 교회로부터 무엇인가를 기대하고 있다.

나는 유학 생활 중에 신앙의 침체기를 경험한 적이 있다. 그 침체기 동안에 아이들에게 말씀을 전해도 은혜가 되지 않았다. 형식적인 설교라는 것을 나는 알았다. 기도해도 기도가 잘되지 않았다. 다른 사람이 보기에는, 심지어는 내 아내가 보기에도 별문제가 없어 보였다. 하지만 나와 하나님과의 관계는 어색하고 어정쩡했다. 그 이유는 바로 죄 때문이었다. 하나님 앞에서 죄를 회개하기까지 나의 심령은 여름에 가물은 땅과 같이 메말라 있었다. 그렇다. 죄는 반드시 해결해야 한다. 죄를 가지고는 하나님과 올바른 관계를 맺기 어렵다. 기대되는 교회가 되려면 죄를 해결해야 한다. 세상과 구별되고 세상이 기대하는 교회가 되려면 정결해야 한다.

리차드 포스터의 《기도》라는 책에는 마음을 찢는 회개에 관하여 다음과 같이 기록하고 있다.

"눈물의 기도란 무엇인가? 그것은 하나님의 선하심을 거역하고 거기서 멀리 떠나 있었던 죄로 인해 '마음을 찢는 것'을 말한다행 2:37. 그것은 우리의 죄와 세상의 죄에 대하여 슬퍼하는 것이다. 그것은 죄에서 자유케 하는 회개의 경험을 갖는 것이다. 또한 그것은 죄가 우리를 하나님의 충만한 임재로부터 단절시켜 버린다는 것을 분명하고도 절실하게 깨닫는 것을 말한다. 최근에 나는 눈물의 보슬비와 같은 특별한 은혜를 경험했다. 나는 나의 죄와 하나님 백성들의 죄를 깊이 생각하고 있었다. 또한 마음의 슬픔이라고 할 수 있는 '통회'에 관한 성경의 가르침과 옛 교회의 가르침에 대해 묵상하고 있었다. 그러던 중 하나님은 내게 교회를 대신하여 마음속에 거룩한 슬픔이 일어나는 은혜를 주셨다. 그 순간 나는 우리를 향한 하나님의 오래 참으심과 사랑과 자비에 대해서 눈물로 깊은 감사를 드릴 수 있었다. 미가 선지자의 말대로 "주와 같은 신이 어디 있으리이까 주께서는 죄악을 사유하시며…"미 7:18라는 고백이 나왔다."

교회가 회개하고 정신을 차리면 정결해진다. 정결해진 교회는 세상의 소망이 될 수 있다. 세상은 그런 교회를 기대하고 있다.

한국 초대교회는 세상을 놀라게 했다

정결해진 교회의 대표적인 모습은 한국 기독교 초기의 모습이다. 1907년 평양 대부흥 운동을 통해 회개의 역사가 일어났다. 회개를 통해 교회는 정결해졌다. 교회가 정결해지니 사회도 정결해졌다. 도시 전체가 부흥을 경험했다. 도시 전체가 금식했다. 상점 문을 닫고 하나님을 경험했다. 걷잡을 수 없는 회개의 역사로 도시에 도둑이 사라졌다. 음란이 사라지고, 성령의 도시가 되었다. 교회가 변하니 세상이 놀라고 변했다.

알렌 클락Allen D. Clark은 《교회의 역사》에서 이 부흥 운동에 대해 이렇게 평가한다.

"이 부흥 운동은 참으로 놀라운 영향을 끼쳤다. 교회의 영적 수준이 확실히 높아졌으며, 미리 성경 지식을 잘 닦은 후에 일어난 운동이었으므로 조금이라도 광신적인 경향이 없어서 한 사람이라도 정신이상자가 없었고, 모두가 올바른 정신상태로 자기들의 양심이 명하는 대로 움직였다. 그리하여 주님의 복음 사업에 몸을 바쳐 일하겠다는 사람이 수십 명이 생겼고, 성경을 공부하려는 열심이 일어나 어떤 사경반에는 2천여 명이 참석하여 공부하였으며, 또한 수천 명이 성경 읽기를 시작하고 의심되는 것은 물으며, 술주정꾼, 노름꾼, 도적, 간음하는 자, 살인자, 스스로 의로운 체하는 선비, 아무 자각도 없는 중들, 수많은 무당, 믿던 사람들이 그리스도 안에서 새로 거듭나게 되었으니 옛것이 영원히 사라졌던 것이다."

그야말로 부흥이었다. 교회가 회개하고 정결해지니 부흥이 일어났다. 이 부흥의 역사는 지금도 가능하다. 교회가 회개하고 정결해지면 세상이 놀랄 것이다. 세상은 무엇인가를 교회로부터 기대하게 될 것이다.

교회가 변하면 세상이 놀란다

교회가 정결해지니 세상이 놀라고, 기대했던 사건들은 세계 곳곳에서도 일어났다. 교회가 변하면 세상이 놀라게 된다.

콜롬비아 바예델카우카주州의 주도州都인 '칼리'의 부흥도 보고되었다. 인구 207만의 도시 전체가 회개했다. 모든 교회가 공설운동장에 모여서 밤을 새워 회개하며 기도했다. 그러자 마약이 떠나가고 조직폭력배가 사라졌으며 살인이 떠나갔다. 교회가 변하니 세상이 변한 것이다.

캐나다 퀘벡 지구의 한 해변 마을에 성령 사건이 일어났다. 사람들이 물밀듯 몰려왔다고 한다. 회개하며 기도하기 위해 수많은 무리가 몰려왔다고 한다. 자그마치 8~10만 달러가량의 음란물, 불법 시디, 록 음악 시디를 불태웠다고 한다. 마을 전체에 거룩의 영이 임했다.

최근에 아프리카 우간다에 부흥이 있었다. 1999년, 기도하는 사람들을 통해 우간다에 부흥이 일어났다. 그 당시 우간다에는 에이즈가 창궐했다. 또 대량 학살 등으로 최악의 위기 상황을 맞이하고 있었다. 그래서 신실한 그리스도인들이 숲에 들어가서 기도하는 기도 운동이 일어났다. 밤낮으로 기도했다. 깊은 신음의 기도를 했다. 그 결과 실제로 눈에 보일 정도의 하나님의 임재하심이 일어났다. 예배와 기도를 위해 집회 장소에 들어오는 사람들이 뭔가 다르다는 것을 느꼈다. 바로 강력한 성령의 임재를 느꼈던 것이다. 이 기도 운동 후 놀랍게도 에이즈가 치료되기 시작했다. 하나님의 능력이 임하는 것을 느꼈다. 그 땅이 고쳐진 것이다. 복음이 정부의 구조에까지 영향을 미쳤다. 공식적인 기록에 의하면 372명의 에이즈 환자가 순식간에 나았다. 성령이 임하니 가정이 회복되고, 서로 사랑하고 섬기게 되었다.

이렇게 변한 교회만이 세상에 무언가를 줄 수 있다. 세상은 그런 교회에 무엇인가를 기대한다. 그런 사건을 부흥이라고 하며 소망이라고 한다. 부흥이 일어나면 무엇인가 일어날 것이란 소망이 생긴다.

기대보다 더 큰 것을 주는 교회 - "너희가 먹을 것을 주라!"

교회가 변하면 세상은 기대한다. 이제 교회는 세상을 향해 무엇인가를 줄 수 있다. 하지만 교회는 세상의 기대보다 더 큰 것을 줄 수 있다. 기대 이상의 결과가 나온다. 기대보다 넘치는 무엇인가를 줄 수 있는 것이 교회이다.

우리 주님이 그 좋은 모델을 보여 주셨다. 빈 들에서 주님의 말씀을 듣던 무리에게 문제가 생겼다. 날이 저물어 배가 고팠다. 남자만 5천 명이나 되었고, 장소는 빈들이었다. 제자들은 어쩔 줄 몰랐다. 그때 주님은 이렇게 말씀하셨다.

예수께서 이르시되 갈 것 없다 너희가 먹을 것을 주라 _마 14:16

교회가 세상을 위해 먹을 것을 주라는 말씀이다. 비록 작은 아이의 도시락이었지만 역사가 일어났다. 오병이어를 내어놓으니 주님께서 5천 배, 아니 1만 배 이상의 역사를 보여 주셨다.

오늘날도 주님은 우리에게 이것을 요구하신다. 포스트 코로나 시대에 교회가 교회의 것을 내어놓아야 한다. 어느 목사님이 설교 시간에 교인들에게 놀라운 소식을 전했다. 예배당 건축을 위해 기도하는 중 응답을 받으셨다는 것이다. 교인들은 눈이 동그래졌다. 목사님의 응답은 이러했다.

"성도 여러분, 저는 기도 중에 건축 비용에 대하여 응답을 받았습니다. 하나는 기쁜 소식이요, 다른 하나는 슬픈 소식입니다. 먼저 기쁜 소식을 알려 드립니다. 기쁜 소식은 건축 비용은 모두 해결되었다는 소식입니다. 슬픈 소식은 그 돈이 모두 성도들의 주머니에 있다는 것입니다."

교회가 교회의 것을 내어놓으면 일은 시작된다. 교회가 청지기 의식을 회복하여 자기의 것을 내어놓으면 역사는 시작된다. 그래서 주님은 "갈 것 없다. 너희가 먹을 것을 주라"라고 말씀하셨다.

교회가 자기의 것을 주기 시작하면 오병이어의 역사가 일어난다. 주님이 5천 배, 1만 배의 기적을 보여 주실 것이다. 이런 것을 기대보다 더 큰 것이라고 말한다. 교회는 세상이 기대하는 것보다 더 큰 것을 줄 수 있어야 한다. 기대보다 더 큰 것을 받으면 세상은 감동한다. 감동하면 마음이 움직인다. 마음이 열리면 드디어 복음의 역사가 시작되는 것이다.

기대보다 더 큰 것을 주는 교회는 없을까? 유성준 교수 협성대학교 은퇴 교수는 "세이비어교회의 목회 철학을 한국 교회의 미래 목회의 대안 모델로 상고하는 것은 큰 도전"이라고 말한다. '세이비어교회The Church of the Savior'는 대안 교회가 현실화하면서 모델 교회로 자주 언급되는 교회로, 미국 워싱턴 D.C.에 있다. 고든 코스비 목사가 1947년 설립한 이 교회는 철저한 입교 과정과 고도의 훈련으로 유명하다. 교인은 불과 150여 명이다. 하지만 이 정도의 교인으로도 미국의 교계를 움직이는 혁신적인 교회로 평가받고 있다.

교회 모델로 급부상한 세이비어교회의 목회 철학은 철저한 '사회적 섬김'에 바탕을 둔다. 세이비어교회는 네 가지의 특징을 가지고 있다.

1. 영적인 삶을 통해 예수님을 닮아가는 삶을 추구한다.
2. 예수 중심의 사회적 활동을 통해 지역 사회를 섬긴다.
3. 가난한 자, 버림받은 자, 소외된 자를 섬기는 일에 헌신한다.
4. 용기와 희생적인 삶을 통해 세상을 변화시키는 일에 헌신한다.

이러한 목회 철학을 바탕으로 세이비어교회는 '토기장이의 집'을 시작했다. 카페와 서점이 동시에 운영되는 형식으로, 지난 1960년 지역 사회 사역의 일환으로 출발했다. 사역은 계속 확장됐다. 유 교수는 세이비어교회의 사역에 대해 잘 정리해 준다.

"저임금 가족을 위한 주택 보급 사역을 실시하고, '그리스도의 집', '사마리아인의 집', '미리암의 집' 등의 치유 사역을 통해 빈민 지역의 주민들과 실업자, 노숙자, 마약 중독자, 알코올 중독자들을 치유하고 재활할 수 있도록 돕고 있다."

75년이 지난 지금까지도 이 사역을 이어가고 있는 세이비어교회는 7개 분야에서 45가지의 연관된 사역을 진행한다. 소요되는 연간 예산은 1,500만 달러_{한화 180억 원} 이상이다. 유 교수는 "바로 이런 것들이 작은 세이비어교회가 이 시대 다른 어떤 교회들보다 미래 목회에 실제적인 대안을 제시하고 있다"라고 평가한다. 이런 교회는 기대 이상의 교회가 아니겠는가?

대한민국에는 그런 교회가 없을까? 감사하게도 기대보다 더 큰 것을 주는 교회들이 많이 있다. 우리에게 잘 알려진 한 교회를 소개할까 한다. 서울 수락산 기슭에 있는 광염교회이다. '감자탕 교회'라고 잘 알려진 교회이다.

광염교회는 교회 재정을 항상 투명하게 공개하고 재정은 무조건 100만 원만 남기는 교회이다. 각 절기마다 모인 헌금은 전액 구제비로 집행한다. 조현삼 목사는 건물보다는 사람에 투자한다는 확고한 목회 철학을 가지고 있다. 장학, 구제, 선교에 교회 재정의 30% 이상을 과감하게 투자하고 있다. 그래서 조현삼 목사는 광염교회 설립 때 10대 비전을 제시했다.

1. 세계에서 전도비를 가장 많이 지출하는 교회
2. 국내외에 100개 이상의 교회를 설립하는 교회
3. 100명 이상의 선교사를 지원하는 교회
4. 1천만 장 이상의 전도지를 전하는 교회
5. 우리나라에서 구제비를 가장 많이 지출하는 교회
6. 100명 이상의 고아와 과부의 생활비를 지원하는 교회
7. 1만 가정 이상을 천국의 모형으로 만드는 교회
8. 우리나라에서 예수님 닮은 인재를 가장 많이 양육하는 교회
9. 100명 이상의 목회자를 양성하는 교회
10. 100명 이상의 사회 각 분야 최고 지도자를 양성하는 교회

이러한 비전대로 실천하는 귀한 교회이다. 이 교회에 등록하고 함께 봉사단에 참여하는 성도들은 참 행복하다고 고백한다. 신앙 생활하며 눈물을 흘린 경험이 한 번도 없었다는 한 성도는 이렇게 고백한다.

"이 교회에 등록하여 신앙 생활하면서 예배 때마다 눈물이 고이는 경우가 허다했다."

세상을 섬기는 교회, 기대보다 더 큰 것을 주는 교회가 되니 행복한 성도가 된 것이다. 교회가 세상을 섬기면 세상이 감동한다.

3.

정의를 실천하는 교회
– 사회적 약자를 위한 프로그램을 생각하라

본인이 섬기는 기쁨의교회는 초대형교회가 아니다. 대도
시가 아닌 중소도시에 있는 교회이다. 예배당 건축 이후 아
직도 원리금을 갚아가고 있는 교회이다. 하지만 교회가 해
야 할 일은 꾸준히 하는 교회이다. 눈에 띄게 많은 일을 하
는 교회도 아니다. 자랑할 만큼 대단한 일을 하지도 못했다.
그러나 소소하게, 한결같이 섬기는 교회이다. 복음 전파와
사회적 약자를 섬기기 위해 고민하는 교회이다.

기쁨의교회는 "세상을 그리스도에게 인도하여 그리스도
의 제자를 만들어 하나님께 영광을 돌리는 교회"라는 목회

철학을 가지고 있다. 이를 위해 3천 개의 사랑방을 만들고, 3백 명의 선교사를 파송하며, 3십 개의 교회를 개척하는 꿈을 갖고 있다. 목회철학과 꿈은 사역의 방향과 질을 결정한다. 하나님은 우리에게 꿈을 주신다. 우리는 그 꿈을 하나님의 나라를 위해 실천해야 한다. 그 꿈을 실천하면 이 땅에도 하나님의 나라가 이루어진다. 뜻이 하늘에서 이루어진 것같이 땅에서도 이루어지게 될 때 하나님의 나라는 우리에게 다가온다.

사회적 약자를 품을 때 일어나는 일

그동안 한국 교회는 복음 전파에 힘을 써왔다. 경이로운 성장과 눈에 띄는 열매로 세계 교회를 놀라게 했다. 너무나 감사한 일이다. 영혼 구원을 위해 전념한 결과 복음화가 이루어지는 것처럼 보였다. 우리 교회가 속해 있는 익산은 복음화율이 30%에 이르는 곳이다. 익산뿐만 아니라 호남의 대부분 지역이 그러하다. 참 감사한 일이다. 하지만 우리가 그동안 소홀히 했던 부분이 있다. 그것은 이웃 사랑이라는 중요한 덕목이다. 하나님 사랑은 잘하는데, 그 하나님 사랑이 가시적으로 나타나야 할 이웃 사랑에는 인색했던 것이 사실이다.

월터 브루그만은 그의 책 《하나님, 이웃, 제국》에서 이렇게 말한다.

"고대 제국은 오늘날의 제국들처럼 몇 가지 반복되는 특징을 보여 준다. 첫째, 모든 제국은 약자의 부를 착취해 강자에게 몰아주려 했다. 둘째, 제국은 상품화 정책을 추구했다. 사물과 인간 모두 사고팔고, 거래하고, 소유하고, 소비되는 필수품으로 위축된다. 셋째, 제국은 착취와 상품화를 시행하기 위해서라면 모든 수위의 폭력을 즉시 집행할 수 있도록 만반의 채비를 갖추었다. 고대로부터 현대에 이르기까지 제국들의 특징은 약자의 부를 착취해서 자기들의 배를 채우는 것이었다.

그러나 하나님은 그러한 세상 제국들을 산산이 부수셨다. 출애굽 내러티브를 통해 경제적 착취를 종식시키셨다. 애굽의 우상들보다 하나님이 우월하신 분임을 명확히 보여 주셨다. 광야 체류의 내러티브를 통해 모자람이 없는 물과 양식과 고기라는 놀라운 선물을 주셨다. 그러므로 하나님의 광야 내러티브는 만민을 위한 부요함으로 가득했다. 시내산 내러티브를 통해 하나님은 그의 백성과 서로 신실하겠다고 언약하심을 보여 주었다. 그러므로 하나님의 역사는 그분의 내러티브를 통해 강조되었다. 그 내러티브는 언약이라는 형태로 영속적인 효과를 나타냈던 것이다."

이런 측면에서 월터 브루그만은 "결국 핵심은 내러티브에 있다. 제국의 신들이 합법화한 착취, 상품화, 폭력 이데올로기의 내러티브에 가담할 것인가, 아니면 이스라엘 전통 가운데 계신 분, 곧 해방과 언약의 하나님이 옳다 하시는 현실을 이웃을 위해 성실히 만들어나가는 내러티브에 참여할 것인가?를 택하도록 요구한다"라고 말한다.

하나님의 내러티브에 참여하는 사람들은 하나님과 이웃 사랑이라는 두 축을 중심으로 살아가야 한다. 우리 한국 교회가 잘했던 부분은 하나님 사랑이었다. 믿음이 출중하여 하나님을 향한 헌신도가 대단했다. 이제는 수평적 관계인 이웃 사랑을 더 잘 실천해야 할 때이다. 브루그만은 이웃을 향한 신실함을 표현하기 위해 '관계성'relationality을 강조한다. 그 관계성을 형성하기 위해 세 가지를 강조한다.

첫째로, 정의justice의 개념을 바로 세워야 한다. 정의란 분배의 맥락에서 사회 구성원 모두가 안전과 존엄과 행복을 누리며 살도록 보장한다는 뜻이다. 둘째는 은혜grace, mercy이다. 은혜는 보응quid pro quo, what for what의 전제를 버리고 긍휼의 손길을 건네는 행동이다. 셋째는 율법law이다. 법은 사회의 재화, 권력, 접근성을 공정하게 분배하여 약자들에게 가해지는 각종 부당한 강탈, 학대, 억압을 차단한다. 그러므로 정의, 은혜, 율법 안에 영글어 있는 것이 바로 '이웃을 향한 신실함'이다.

따라서 교회는 하나님의 정의, 은혜, 율법의 정신을 따라야 한다. 그래서 주님은 이것을 두 마디로 잘 정리해 주셨다.

예수께서 이르시되 네 마음을 다하고 목숨을 다하고 뜻을 다하여 주 너의 하나님을 사랑하라 하셨으니 이것이 크고 첫째 되는 계명이요 둘째도 그와 같으니 네 이웃을 네 자신 같이 사랑하라 하셨으니 이 두 계명이 온 율법과 선지자의 강령이니라

_마 22:37~40

바울도 레위기 19:18을 인용해서 이렇게 말씀했다.

> 온 율법은 네 이웃 사랑하기를 네 자신 같이하라 하신 한 말씀
> 에서 이루어졌나니 _갈 5:14

이제 포스트 코로나 시대에 필요한 것은 이웃 사랑이라고 본다. 교회의 신인도가 참 많이 떨어졌다. 어떤 이유에서든지 교회는 다시 영광을 회복해야 할 때이다. 영광을 회복하는 길은 하나님을 사랑하며 이웃을 사랑하는 것이다. 하나님이 눈에 보이시지 않기에 눈에 보이는 형제자매를 사랑해야 한다. 이웃을 사랑하면 온 율법을 이루게 된다.

이러한 성경적 가르침에 근거하여 기쁨의교회는 다음과 같은 일들을 해 오고 있다. 작은 일들이지만, 함께 나눔으로 세상을 섬기는 교회가 되기를 바라는 마음이다. 우리보다 더 잘하는 교회들이 있지만, 우리가 하는 일을 나눔으로 다른 모든 교회도 할 수 있음을 보여 주고자 한다. 이것이 우리의 자랑이 되지 않기를 기도한다. 서로를 격려하여 주님의 교회가 함께 영광을 회복하기를 바라는 마음이다.

1) 기쁨의 하우스- 미혼모 시설

하나님께서는 그의 백성을 구원하시고, 또 다른 백성을 모으기를 원하시는 분이시다. 이스라엘만이 아니라 택한 백성, 이방인이라 할지라도 모으시는 분이시다. 이러한 하나님의 통치는 한 마디로 '환대의 통치'이다. 그래서 이사야 선지자를 통해 이렇게 말씀하셨다.

> 내가 기뻐하는 금식은 흉악의 결박을 풀어 주며 멍에의 줄을 끌러 주며 압제당하는 자를 자유하게 하며 모든 멍에를 꺾는 것이 아니겠느냐 또 주린 자에게 네 양식을 나누어 주며 유리하는 빈민을 집에 들이며 헐벗은 자를 보면 입히며 또 네 골육을 피하여 스스로 숨지 아니하는 것이 아니겠느냐 _사 58:6, 7

하나님은 억눌린 자, 주린 자, 유리하는 빈민, 헐벗은 자들이 우리의 친족이요 혈육이라고 말씀하신다. 브루그만은 이들이야말로 우리와 함께 하나님 나라를 상속받을 자들이라고 말한다마 25:34~36. 그러므로 사회적 약자를 돌봄은 교회의 중요한 사역임을 알 수 있다. 함께 하나님 나라를 상속받을 자들을 그냥 내버려 두어서는 안 된다.

기쁨의교회는 2020년, 코로나19가 한참 기세를 부릴 때 미혼모 시설을 완공했다. 여성가족부와 익산시가 주관이 된 사업이었다. 교회는 200여 평의 땅을 기부하였으며 건축비의 30%를 감당했다. 건평 150평으로 총 8가정이 생활할 수 있다.

　기쁨의 하우스 설립 목적은 다음과 같다: "선한 사마리아인Good Samaritan의 정신으로 도움이 필요한 사람에게 사랑을 실천하며 어머니와 같은 마음으로 품고 도와주어 스스로 자립할 수 있는 훌륭한 시민상을 꿈꾸게 한다."

　이 시설은 출산 전부터 입소가 가능하다. 아직 출산의 경험이 없는 미혼모들에게 출산과 육아에 관한 교육을 함으로써 심리적으로 안정된 상태에서 아이를 낳을 수 있도록 돕고 있다. 1년 동안 이곳에서 출생한 아이들이 15명 정도이다. 저출산 시대에 귀한 생명이 출생한 것이다. 태어난 아이 중 절반은 합법적인 절차에 의해 입양이 된다. 요즈음은 여아선호 사상이 많아 출생한 여아들은 대부분 입양이 된다. 하지만 남아들과 양육을 원하는 엄마들은 이 시설에 1년 동안 기거할 수 있다. 출산과 치료, 그리고 양육비의 모든 것은 정부와 교회가 감당하고 있다. 의식주는 국가에서 책임져 준다. 하지만 출산 비용과 치료비용은 교회와 후원자들이 도움을 주고 있다.

공공시설이므로 직접 선교는 불가능하다. 그러나 기쁨의 하우스 직원 대부분은 신앙인이다. 이들이 그리스도의 사랑으로 섬기고 있기에 간접적인 전도가 가능한 곳이다. 또한, 원하는 사람은 주일에 유튜브를 통해 예배에 참여한다. 어느 엄마는 자기가 아이를 키우겠다고 다짐하면서 신앙생활을 시작했다. 매주 예배를 드리면서 신앙으로 아이를 키우고 있다. 이 가정이 얼마 후에 시설을 나가지만, 아이가 성인이 될 때까지 후원하겠다는 가정이 생겼다. 참 감사한 일이다.

또 한 엄마는 청각장애인이다. 시설에 입소하면서 의사소통에 문제가 있었지만, 직원들의 따뜻한 사랑으로 점차 안정을 찾기 시작했다. 이분도 아이를 출산한 후 본인이 직접 아이를 키우겠다는 의지를 보였다. 엄마가 언어에 문제가 있기에 아이에게도 언어의 문제가 생길 수 있는 경우였다.

하지만, 직원들과 함께 생활하는 엄마들의 관심으로 아이는 건강하게 성장하고 있다. 아픔이 있는 사람들이 함께 모여 서로를 도우면서 아픔을 치료하고 있다. 상처 입은 치유자가 되는 것이다. 기쁨의 하우스에서는 백일잔치를 베풀어준다. 백일잔치는 돌잔치 못지않게 성대하게 이루어진다. 백일잔치를 하면서 예배를 드리고 축하한다. 비록 청각장애 엄마는 목사의 설교를 잘 알아듣지 못하지만, 그리스도의 사랑은 충분히 느낄 것이다.

얼마 전에 심한 지적 장애가 있는 미혼모가 불안한 마음으로 시설에 들어왔다. 어릴 때부터 엄마 없이 아버지와 살았던 터라 출산에 대한 정보가 없었다. 임신도 불안했지만, 출산과 육아는 더 걱정되었는데, 시설에 들어와 교육을 받으면서 심신이 안정되었다고 한다. 본인이 아이를 키울지는 고민하고 있으나 아이에 대한 사랑은 그 어떤 엄마 못지않게 크다고 볼 수 있다. 쉽지 않은 일이지만, 어려움을 당하는 엄마들에게 희망을 주는 사역임이 틀림없다.

우리는 향후 이 사역이 더 발전하기를 꿈꾼다. 미혼모 시설에서 생활할 수 있는 기간은 1년이다. 그 이후가 문제가 된다. 자립하기를 원하는 엄마들의 거처가 문제이다. 기쁨의교회는 자립을 원하는 가정을 위해 모듈러 주택을 지어주는 것을 고려하고 있다. 선한 일에 동참하는 분들이 생기면 충분히 가능할 것으로 본다.

2) 받은 재난지원금, 주는 재난지원금

코로나19가 한참이던 2020년 10월경 국가에서 전 국민을 대상으로 재난지원금을 주었다. 각 지자체에서 재난지원금을 주기도 했다. 어려운 가정에는 재난지원금이 가뭄의 단비와도 같았을 것이다. 그런데 재난지원금이 절실히 필요한 가정도 있었지만, 정상적으로 월급을 받는 가정에는 꼭 필요한 것만은 아니었다. 받으면 좋으나, 받은 것을 줄 수 있다면 더 좋은 일이 아니겠는가?

기쁨의교회는 '받은 재난지원금'에서 '주는 재난지원금'을 실천해 보았다. 성도들에게 광고하여 원하는 분들이 참여하도록 했다. 가족 수대로 나온 재난지원금 카드를 기부하는 행사를 했다. 가족 수가 5명이면 5장의 카드가 나왔다. 국가에서 준 성의를 보아 1~2장은 자기가 쓰고, 나머지는 기부하도록 광고한 것이다. 참 감사한 것은 하나님의 교회는 반드시 마음에 원하는 사람들이 많이 있다는 것이다.

나를 가르쳐 주신 수영로교회 정필도 목사님은 늘 이런 말씀을 하셨다. "반대만 없으면 주의 일은 다 된다! 반대하고 싶으면 입은 꼭 다물고 기도만 하십시오. 그러면 원하는 사람이 일을 다 합니다." 맞는 말이다. 주의 일은 반대만 없으면 다 된다. 다수의 원하는 사람들이 비록 침묵하고 있으나 그들이 일을 다 하는 것이다. 기쁨의교회는 이 일을 실천하고 있다. 원하는 분들이 자신이 받은 재난지원금 카드를 내놓기 시작했다. 이렇게 '받은 재난지원금 카드'는 '주는 재난지원금 카드'로 변신한 것이다. 재난지원금 카드를 내놓은 성도들은 주면서도 큰 기쁨을 맛보았다. 이보다 좋은 일이 어디 있겠는가?

코로나 바이러스는 겨울이 되면 더 기승을 부린다. 코로나 19가 심해질수록 경제는 더 어려워졌다. 2020년 12월 힘든 시기를 보내면서 기쁨의교회 당회는 좋은 결정을 했다. 정부와 지자체가 재난지원금을 주었는데, 이제는 교회가 재난 지원금을 주자는 것이었다. 코로나19가 교회의 재정도 어렵게 한 것이 사실이다. 하지만 함께 고통을 분담하려는 의지를 보인 것이다. 교회는 200가정에 재난지원금을 주기로 했다.

교회가 위치한 모현동 주민들 100가정과 교회 성도 중에서 100가정을 선정했다. 모현동 주민 중에서 선정하는 것은 주민센터에서 하도록 했다. 교회는 차상위계층으로 하도록 기준만 주고, 선정과 나눔은 주민센터 복지사들에게 위임했다. 교회가 전면에 나서지 않았다. 교회와 주민센터가 함께 동역하는 모습을 보여준 것이다. 이 일에 대하여 주민센터 동장은 감격하여 교회를 자랑하고 있다고 한다.

범사에 여러분에게 모본을 보여 준 바와 같이 수고하여 약한 사람들을 돕고 또 주 예수께서 친히 말씀하신 바 주는 것이 받는 것보다 복이 있다 하심을 기억하여야 할지니라 _행 20:35

사도 바울은 확신이 있었다. 주님의 말씀은 맞다! "주는 것이 받는 것보다 복이 있다"라고 강조하고 있다. 포스트 코로나 시대에 교회에 필요한 정신이 아니겠는가?

3) 산타가 주는 사랑의 상자

산타는 없지만, 산타 노릇을 하는 사람은 있다. 어떤 분이 산타클로스로 본 인생 4단계를 말했다.

> 제1단계 - 산타클로스를 믿는다어린 시절.
>
> 제2단계 - 산타클로스를 믿지 않는다청소년기.
>
> 제3단계 - 내가 산타클로스가 되어 선물을 줘야 한다
>
> 부모가 될 때.
>
> 제4단계 - 산타클로스처럼 늙었다노인이 됨.

여러분은 어떤 단계인가? 산타는 없지만, 산타 노릇을 할 수는 있다. 산타가 되면 어른인 것이다.

기쁨의교회는 크리스마스가 되면 이웃에게 선물을 전한다. 먼저는 타국에서 복음을 전하는 선교사들에게 선물 보

따리를 보낸다. 내용물만큼이나 비싼 운송료가 있지만, 고국의 향취가 있는 선물들을 골라서 보낸다. 라면, 초코파이, 일용품, 책 등을 보내면 선교사들이 그렇게 좋아한다고 한다. 산타가 보내는 작은 선물이다.

두 번째는 연탄 봉사를 한다. 아직도 취약계층에서는 연탄을 사용한다. 추운 겨울에 연탄 한 장은 몸과 마음을 녹여준다고 한다. 기쁨의교회 청년들과 청소년들이 함께 이 일에 동참한다. 다음 세대에게 나눔의 정신을 심어주려고 노력한다. 추운 날씨에 손을 호호 불어가며 봉사했을 때 찾아오는 행복을 누리게 해 준다. 나눔은 이렇게 두 배의 은총이다. 받은 자에게는 격려이며, 주는 자에게는 행복이다. 연탄 봉사는 마음만 있으면 어느 교회에서도 가능한 일이라고 생각한다.

세 번째는 '사랑의 상자'이다. 기쁨의교회가 15년 전부터 연말이면 항상 했던 사역이다. 사랑의 상자 안에는 약 6만 원 상당의 생필품을 담는다. 매년 조금씩 늘려왔는데, 요즘에는 약 150상자를 만든다. 사랑의 상자도 외부인들을 위해서 2/3를 사용하고, 교인들을 위해 1/3을 사용한다. 외부인들에게 나눌 때는 노인 복지관을 통해서 한다. 요양복지사들이 관리하는 어르신들에게 전달하는 방식이다. 이렇게 하면 요양복지사도 즐겁고, 받는 분은 물론 더 즐겁다고 한다. 복지관 담당자들도 교회를 향해 항상 감사한 마음을 가진다고 한다.

산타는 없지만, 산타보다 더 좋은 교회는 있다. 주의 탄생을 기뻐하며 지역 사회와 함께 기뻐하는 크리스마스가 되면 기쁨이 배가 된다. 기쁨의교회는 늘 기쁨을 주는 교회이다.

4) 장학금 주는 교회 - 지역 사회, 지역 교회를 위해

코로나 사피엔스라는 말이 생겼다. 최재천, 장하준, 최재붕, 홍기빈, 김누리, 김경일의 여섯 명의 저자가 《코로나 사피엔스》라는 책을 저술했다. 호모 사피엔스슬기로운 인간를 능가하는 시대가 되었다는 것이다. 인간이 자연 생태계를 파괴하니 바이러스가 인간보다 더 슬기로워졌다는 것이다. 슬기로운 인간은 물질문명을 발전시켜 왔다. 현대의 자본주의

누군가는 야수 자본주의라고 부름- 김누리 교수에 의하면 미국식 자본주의가 대한민국에 들어
오면서 미국보다 더한 자본주의가 되었다는 것는 모든 것을 가능하게 할 것처럼 기세가 등등했다. 그런데 호모 사피엔스는 자기 덫에 걸려 버린 것이다. 자연을 자연스럽게 두지 못한 열매를 지금 먹고 있다.

그러나 슬기로운 인간은 이러한 어려움도 곧 극복하리라 생각한다. 비록 망가진 하나님의 형상이지만, 지혜와 지식을 소유하고 있는 인간이라 코로나 사피엔스도 극복할 수 있으리라 본다. 영국의 역사학자 아놀드 토인비의 말에 의하면, 인류의 역사는 도전과 응전의 역사였다. 도전과 응전을 통해 새로운 역사를 써왔기 때문이다.

슬기로운 인간이 역경을 이겨왔던 주요한 원인은 교육이었다. 다음 세대를 교육한 것이다. 자신의 경험과 지식을 전수해서 다음 세대가 더 발전하도록 도왔다. 코로나 사피엔스도 극복할 것이다. 그 해법은 교육이다.

피카소의 조각품 중 '황소 머리'는 값을 매길 수 없을 정도

로 가치 있는 예술품이다. 황소 머리는 런던의 경매장에서 300억 원에 팔렸다. 그러나 그 재료는 쓰레기장에서 얻어온 낡은 자전거였다. 피카소는 평소에도 "쓰레기는 위대한 가능성을 가졌다"라고 주장한 바 있다. 그리고 그 가능성을 작품으로 보여 주었다. 문제는 이 버려진 쓰레기에 누구의 손과 두뇌가 닿느냐 하는 것이다. 버려진 자전거에 피카소의 예술성과 손이 닿았을 때 위대한 예술품이 탄생했다. 쓰레기도 누구의 손에 있느냐에 따라 작품이 된다. 하물며 슬기로운 인간은 어떠하겠는가?

한국의 피아니스트 중에 서혜경 교수라는 분이 있는데, 그는 미국 카네기 홀이 선정한 세계 3대 피아니스트 중 한 사람이다. 어린 나이에 미국으로 유학 갔다. 음악 공부도 힘들었지만, 무엇보다 힘들었던 것은 낯선 이국땅에서 밀려오는 외로움이었다고 한다. 그것 때문에 울기도 많이 했다고 한다. 그러한 그가 모든 역경을 극복하고 유학 생활을 성공적으로 마친 원동력이 있었다. 그것은 매 주일 오후에 한 번씩 걸려 오는 어머니의 전화였다.

그의 어머니는 늘 똑같은 질문을 했다. "얘야, 공부는 열심히 잘하고 있느냐? 밥은 제때 챙겨 먹고 있느냐? 건강은 어떠냐?"와 같은 질문이 아니라 "얘야, 오늘 교회에 가서 하나님께 예배를 잘 드렸느냐?"라는 질문이었다. 어머니는 사랑하는 딸이 믿음으로 살아가기를 바랐던 것이다. 그래서 늘 전화를 걸어서 딸이 교회에 다녀왔는지, 하나님께 예배를 잘 드렸는지를 먼저 물어보았다고 한다. 어머니의 자녀 교육 방법이었다. 어머니의 교육이 그녀를 훌륭한 피아니스트로, 믿음의 사람으로 만들었다.

포스트 코로나 시대에 교회는 더욱 교육에 매진해야 한다고 생각한다. 다음 세대에 대한 교육과 훈련이 이 나라와 교회를 살리는 길이다. 그러면 다음 세대에 대한 교육을 어떻게 해야 할까? 교육의 대안은 이 책에서 다루지 않을 것이다. 다만, 교회가 교육의 인프라를 구축하는 일을 소개할까 한다.

기쁨의교회는 다음 세대를 위해 장학금을 주는 교회이다. 매년 11월이면, '다니엘 기도회'가 있다. 이 기도회에서 헌금하는 시간을 갖는다. 이 헌금은 어려운 이웃을 위해 사용

된다. 헌금의 반절은 기도회에 참여하는 다음 세대에게 장학금으로 지급된다. 기도회에 빠지지 않고 참석한 아이들에게는 10만 원 정도의 장학금을 지급한다. 신앙 교육과 장학금이라는 두 마리 토끼를 잡는 것이다. 나이가 어릴수록 참여율이 높다. 어떤 아이들은 이 기도회를 기다리고 부모를 종용하여 함께 참여한다. 너무 예쁜 아이들이다.

지역 사회의 청소년들을 위해서도 장학금을 지급한다. 익산시 장학재단에 장학금을 지급하는 일을 한다. 지역 청소년들을 위해서도 장학금을 주는 일에 관심을 가져야 한다. 시가 운영하는 장학재단에 교회가 기부함으로 시와 함께 장학 사업에 동참하는 것이다.

앞으로 교회 장학재단을 만들 계획이다. 일정 기금을 교회 재정으로 마련하고, 자원하는 분들을 모집하려 한다. 어떤 분은 자신이 받을 국민연금을 일정 기간 장학금으로 내놓을 계획이 있다고 한다. 국민연금 이외의 수입이 있는 경우 가능한 일이라고 생각한다. 이렇게 뜻을 같이하는 분들이 힘을 모으면 큰 재원이 확보되리라 본다. 미국 학교에서는 '매칭 펀드'라는 것이 있다. 신학대학원에 있는 제도인데, 지역 교회에서 장학금을 주면 그 금액 상당의 장학금을 학교에서 지급하는 것이다. 그러니까 학생에게 지급되는 장학금 수여 액은 두 배가 되는 것이다. 우리 장학재단도 이런 '매칭 펀드' 개념을 가져올까 한다. 장학금 기여자들이 헌금한 금액 만큼 교회에서 지출해 주는 것이다. 그러면 장학금은 두 배가 될 것이다.

교육 인프라를 위해 기쁨의교회는 작은 교육관을 계획하고 있다. 교회 설립 70주년 기념 프로젝트이다. 이를 위해 3년 전부터 모금하고 있다. 5년 프로젝트로 '씨앗 헌금'을 하고 있다. 미래를 위해 미리 준비하는 것이다. 10년 전에 예배당을 건축했지만, 교육 공간이 부족하여 다음 세대를 위해 교육관을 지을 계획이다. 미리미리 준비하면 부담이 줄어든다. 이 일을 위해 성도들에게 '하루 1천 원 운동'을 하게 한다. 커피값, 점심값에서 하루 천원만 절약해서 씨앗 헌금을 한다. 5년 동안 모으면 건축비용이 거의 모이게 될 것으로 예상한다. 참 감사한 일이다. 다음 세대를 위한 천원 운동으로 400평 정도의 교육 시설을 만들 수 있게 된다.

이 교육관에는 청년을 위한 스터디 카페, 장애인을 위한 공동 작업장, 영어 도서관, 소그룹 룸, 어르신을 위한 휴게공간 등이 들어설 계획이다. 더불어 기존의 교육 시설을 리모델링 할 계획이다. 중그룹 세미나 룸을 극장식 세미나 룸으로 꾸미고,, 4층 공간에 나무 플로어를 깔아서 실내체육관을 만들고, 옥상에는 풋살장을 넣을 계획이다. 기존의 건물과 새로 지을 교육관이 다음 세대를 위한 공간으로 재창출되기를 바라는 것이다.

슬기로운 인간이 생존해 왔던 방식은 교육이었다. 특히 교회 교육은 더 중요하다. 교육을 위한 인프라 구축과 시스템 구축은 서둘러서 나쁠 것이 하나도 없다.

5) 라면 나눔의 집

기쁨의교회 현관에 들어오면, 작은 상자 교회가 있다. 미니어처 교회이다. 이 상자를 열면 라면과 쌀이 들어 있다. 이 상자는 상시로 운영된다. 어려운 분들이 누구나 이용할 수 있다. 자원하는 성도들이 라면을 기부한다. 페트병에 쌀을

담아 오기도 한다. 일종의 생필품 나눔의 장소인 것이다. 자원하는 사람이 공급하고, 원하는 사람이 혜택을 받는 것이다. 라면이라는 작은 물품이지만 그곳은 성도의 사랑의 교제가 일어나는 곳이다. 이 라면 나눔의 집은 한동안 잘 운영되었다. 하지만, 담당자가 바뀌면서 잠시 휴면 상태에 들어갔다. 좋은 일을 하다가도 잘 안되는 경우인데, 그 원인은 지속적인 관심을 유지하지 못하였기 때문이다. 좋은 일을 계속하려면 자원하는 좋은 담당자를 잘 세워야 한다고 생각한다.

앞으로는 이 라면 나눔의 집을 청년들이 맡아서 운영하게 할 계획이다. 청년부 사업으로 청년들이 주도하게 할 것이다. 청년의 때부터 사랑을 실천하는 것이 중요하기 때문이다. 라면 나눔의 집이 발전하여 음식 나눔의 집으로 성장하기를 기대해 본다. 청년들이 하면 더 좋은 아이디어들이 나오지 않을까?

6) 공공신학 연구소

요즈음 대한민국 신학계에 '공공신학Public theology'이 토론

되고 있다. 공공신학은 일반 은총에 근거하여 기독교인들이 교회와 사회의 일반적인 관심에 대하여 참여와 대화를 추구하는 신학이다. 공공신학은 사회를 향해서 말하기만 하지 않고 사회와 더불어 대화한다. 이것은 공적으로 이해될 수 있으며, 공적 토론과 비판적 질문을 하는 방법으로 제시되어야 한다.

한국 교회는 초대교회로부터 지금까지 대사회적 활동에 기여를 많이 해왔다. 전국에 산재해 있는 교육 기관, 미션스쿨들이 그 증거이다. 대학교를 비롯해서, 많은 중고등학교가 있다. 학교 사역과 더불어 병원 사역은 핵심 중의 핵심이었다. 한국의 근대화에 있어 기독교의 공공성이야말로 빼놓을 수 없는 것이었다. 그런데 이러한 교회의 기여에 좀 다른 접근이 필요한 시대가 되었다. 그동안에는 교회 주도로 이런 일들을 해 왔는데, 이제는 교회와 사회가 함께 토론해야 한다. 교회가 재정적 후원을 많이 할지라도 지역 사회의 전문가들과 함께 대화해야 한다. 그렇게 해야 협력과 공생의 관계를 만들어 갈 수 있다. 앞으로 공공신학이 해야 할 일이 많다고 할 수 있다.

기쁨의교회는 이 일을 위해 교회 안에 '한국 공공신학 연구소'를 마련했다. 남아프리카 공화국에서 공부한 김민석 박사가 한국 교회를 섬기기 위해 만든 연구소이다. 한국 교회가 사회를 섬기기 위해 먼저 신학적 토대를 놓는 일이 중요하기 때문이다. 교회가 해 왔던 일들을 이론적으로 뒷받침하고 격려하는 연구가 나오면 좋을 것이다. 더욱이 포스트 코로나 시대에 교회가 할 수 있는 대안들을 제시한다면 금상첨화가 아니겠는가?

4.

지역 사회를 위한
대안적 공동체를 만들라

대안적 공동체, 교회

월터 브루그만은 그의 책《예언자적 상상력》에서 교회가
대안적 공동체라고 말한다. 그는 대안적 공동체를 만들 수
있는 교회를 예언자라고 말한다. 브루그만은 "예언자를 단지
미래를 점치는 자라든지 사회 저항가가 아니라 인간 정신을
획일화하고 노예화하는 전체주의에 대항하여 한 공동체의
근원적 변화를 촉발하는 사람"이라고 정의한다. 철저하게 세
속주의에 길들어 물질만능주의로 살아가는 현대 사회에 신
선하고도 충격적인 메시지이다. 교회는 세속주의에 대항하
여 하나님의 나라를 보여 주는 대안 공동체가 되어야 한다.

포스트 코로나 시대에 대안을 제공하는 공동체는 교회밖에 없다. 왜냐하면, 교회에는 하나님의 정의와 긍휼이 흘러넘치기 때문이다. 브루그만의 주장에 의하면 "인간 공동체를 형성하는 일에 결정적으로 중요한 요소는 정의와 긍휼"이다. 세상 어디에도 정의와 긍휼을 함께 공유하고 있는 단체는 눈을 씻고 봐도 없다. 오직 교회만 가지고 있다.

교회, 나의 사랑 나의 고민

필립 얀시는 《교회, 나의 사랑 나의 고민》이라는 책에서 "교회는 이 세상에서 볼 수 없는 공동체"라고 말한다. 필립 얀시도 한때는 교회에 대한 실망으로 교회를 떠났던 아픈 경험을 지니고 있다. 그가 오랜 고뇌 속에서 발견한 것은 교회의 한계와 더불어 희망이었다. 교회는 귀한 것이지만, 불완전하기 짝이 없는 지상의 은혜공동체이다. 교회의 한계와 희망, 그리고 그 교회를 향한 전격적인 투신과 새로운 희망을 발견하게 된다.

얀시는 "그러므로 교회란, 그것도 하나님의 교회란 한없이 크고 한없이 작다. 그토록 크므로 겸손한 자들이 와서 높임 받는 곳, 그토록 작으므로 높은 자들이 낮고 낮아져야 들어올 수 있는 곳, 교회란 실로 이와 같다"라고 말한다.

필립 얀시가 다녔던 러셀 스트리트 교회는 애초부터 좀 유별난 교회였다. 필립 얀시의 이야기를 들어보겠다.

"이 교회에 처음 출석한 날이었다. 우리들 바로 앞 좌석에는 중년쯤 되는 흑인 여성과 딸인 듯싶은 열서너 살 정도의 소녀가 앉아 있었다. 우리가 찬송을 부르려고 일어서자 앞 좌석의 소녀가 몸을 돌려 이를 하얗게 드러내고 웃었다. 우리도 조용한 미소로 응대했다. 그러나 소녀는 우리를 계속 쳐다보며 내내 웃고만 있었다. 조금 이상한, 심하게 말하면 조금 모자란 아이 같았다. 찬송가는 이미 4절로 넘어와 있었다. 소녀가 갑자기 허리를 굽혀 치맛단을 잡고는 머리 위로 훌러덩 뒤집어 제 몸을 드러내었다. 자기네 교회에 처음 오신 손님을 환영한다는 얘기.

그 후로 2~3년간 아내와 나는 러셀 교회의 괴짜들을

대충 헤아리게 되었다. 어느 주일인가는 한 남자가 럭비 공을 들고 와서 강단의 목사님을 향해 던졌다 목사님은 그때 성찬용 포도주잔이 가득 담긴 쟁반을 앞에 두고 축복기도를 하고 있었지만, 공이 날아오는 순간 마침맞게 눈을 떠 피했다. 또 어떤 주일에는 노숙자 한 사람이 들어와서 성찬용으로 준비해 둔 엄지손가락 반만 한 포도주잔들을 모조리 비워 버린 경우도 있었다. 그 사람은 필시 술인 줄 알고 마셨겠지만, 당시 우리 교회는 포도 주스로 성찬식을 거행했다. 또 한번은 허벅지가 훤히 드러나는 짧은 치마를 두른 술집 여인 하나가 강대상을 돌아다니며 소동을 피웠다. 그날의 설교자는 마침 외래 강사였다. 여인은 가게에서 파는 우유에서 독이 나왔다며 설교자를 향해 큰 소리로 떠들었다.”

필립 얀시는 그가 다녔던 교회의 부족한 모습을 이렇게 그리고 있다. 하지만, 그가 발견한 것은 이렇게 부족한 사람들의 모임이었으나 그것은 주님의 교회였다. 주님이 피로 값 주고 사신 너무나도 귀한 교회였다. 세상에서 좀 부족한 사람들이었으나 하나님의 관점에서는 귀한 존재들이었다.

얀시는 교회는 회중들이 모여 단순히 교분을 맺는 장소가 아니라고 잘라 말한다. 교회는 각각 다른 세계서 살아온 개인들이 모여 말씀과 신앙 안에서 새로운 완전체를 만드는 곳이라고 말한다. 하나님의 가족들이 모여 각종 역경을 이겨내고 환한 집을 만드는 곳이 교회라는 것이다. 그런 집을 지은 뒤 세상으로 나가 사랑을 실천해야 한다고 얀시는 말하고 있다. 그러므로 교회는 이 세상에서 볼 수 없는 공동체이다. 부족하나 강한 존재이다. 약하나 진리로 무장한 곳이다. 그래서 교회를 세상을 향한 '대안 공동체'라고 말한다. 교회만이 가지고 있는 놀라운 것이 있기 때문이다.

포스트 코로나 시대에 더 절실히 필요한 것은 바로 교회의 이러한 모습이다. 이 땅의 교회는 비록 완전하지 못하지만, 세상이 가지지 못한 것을 갖고 있다. 하나님의 정의와 긍휼이다. 앞서 살펴보았지만, 하나님의 정의란 윤리적, 법정적 개념이 있다. 그러나 구약이 더 강조하는 바는 사회적 약자를 돌보는 것이었다. 하나님의 정의는 긍휼과 맞닿아 있다. 불쌍히 여김과 사랑의 정신과 손을 잡는다. 하나님의 대안 공동체인 교회가 사회적 약자를 사랑의 마음으로 감싸야 한다. 비록 교회가 실수하지만, 교회만 한 공동체가 없다. 교회는 우리의 고민이기도 하다. 하지만 교회는 여전히 우리의 사랑이다. 교회가 우리의 사랑이 되는 이유는 세상의 대안 공동체이기 때문이다.

십자가가 대안이다

이 정신이 그리스도의 십자가에서 잘 드러났다. 십자가는 하나님의 정의와 긍휼이 만난 장소이다. 존 스토트는 《그리스도의 십자가》에서 이 십자가의 정신을 잘 말해 주고 있다.

"가정, 교회, 세상이라는 세 영역. 그리스도인의 가정생활은 어떤 경우에든 자연적인 인간의 사랑이라는 특징을 띠어야 하며, 그것은 초자연적인 신적 사랑, 즉 십자가의 사랑에 의해 더욱더 풍성해져야만 한다. 십자가는 단지 목사와 신도들의 관계뿐만 아니라 그리스도의 공동체 내에 있는 우리의 모든 관계를 특징짓는 것이 되어야 한다. 서로 사랑하며 적극적으로 각각 자기 일을 돌아볼 뿐 아니라 다른 사람들의 일을 돌보아야 한다. 하나님은 아버지께서 그 아들을 세상에 보내신 것처럼 아들은 우리를 세상에 보내신다."

그렇다. 포스트 코로나 시대에 교회는 세상의 대안이다. 세상의 대안인 교회는 십자가 정신으로 무장해야 한다. 섬김과 사랑으로 무장하여 어두운 세상의 빛과 소금이 되어야 한다. 그러면 다시 교회의 영광을 보게 될 것이다. 다시 젊은이들이 돌아올 것이다. 가나안 성도들이 기쁨으로 회복될 것이다.

정광호의 《CEO 경영우언》이라는 책에는 '솔개의 장수비결'이라는 이야기가 나온다.

솔개는 최고 약 70년의 수명을 누릴 수 있는데, 이렇게 장수하려면 약 40년이 되었을 때, 매우 고통스럽고 중요한 결심을 해야 한다. 솔개는 약 40년이 되면, 발톱이 노화하여 사냥감을 효과적으로 잡아챌 수 없게 된다. 부리도 길게 자라고 구부러져 가슴에 닿을 정도가 된다. 깃털도 짙고 두껍게 자라 날개가 무거워져 하늘로 날아오르기가 힘들어진다. 이즈음이 되면 솔개는 그대로 죽을 날을 기다릴 것인지, 아니면 약 반년에 걸친 매우 고통스러운 갱생 과정을 수행할 것인지를 결정해야 한다.

갱생의 길을 선택한 솔개는 먼저 산 정상 부근으로 높이 날아오른다. 그곳에 둥지를 짓고 머물며 고통스러운 수행을 시작한다. 먼저 부리로 바위를 쪼아 부리가 깨져 빠지게 만든다. 그러면 서서히 새로운 부리가 돋아난다. 그런 후 새로 돋은 부리로 발톱을 하나하나 뽑아낸다. 그리고 새로 발톱이 돋아나면 이번에는 날개의 깃털을 하나하나 뽑아낸다. 이렇게 약 반년이 지나 새 깃털이 돋아난 솔개는 완전히 새로운 모습으로 변신하여 다시 30년의 수명을 더 누리게 된다고 한다. 솔개의 피나는 노력이 새 삶을 보장해 준 것이다.

포스트 코로나 시대의 교회는 이러한 몸부림이 있어야 한다. 하나님께서 원래 교회를 향해 가지셨던 모습을 회복해야 한다. 피나는 몸짓으로 갱신해야 한다. 그리스도의 십자가 정신을 다시 붙잡아야 한다. 그러면 대안적 공동체가 될 것이다. 세상의 소망으로 다시 우뚝 서게 될 것이다.

교회가 대안 공동체, 십자가 정신으로 무장하려면 어떻게 해야 하는가? 제일 중요한 것은 지도자들이 십자가 정신을 붙잡아야 한다. 주님처럼 희생과 사랑으로 무장해야 한다. 지도자가 그런 사람이면 팔로워들도 그런 사람이 되기 때문이다.

데이빗 리빙스톤의 전기 작가가 마지막에 써놓았던 말이 있다. 그는 리빙스톤의 일생을 취재하려고 아프리카로 갔다. 그리고 리빙스톤을 접촉한 많은 사람에게 물어보았다. "리빙스톤이 무슨 말을 했나? 리빙스톤이 어떤 설교를 했나? 리빙스톤이 어떤 일을 한 것이 제일 감동적이었나?" 그런데 그중에 한 사람이 눈을 깜빡깜빡하면서 이런 말을 하는 것이다.

"우리는 데이빗 리빙스톤이 무슨 설교를 했는지는 다 잊어버렸습니다. 무슨 말을 했는지도 다 잊어버렸습니다. 그러나 우리는 한 가지를 기억합니다. 데이빗 리빙스톤은 우리를 사랑했습니다. 그는 우리를 사랑했습니다."

사랑만이 대안이다.

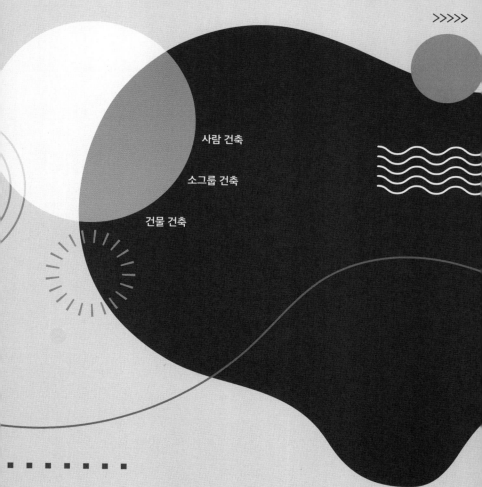

II

리더의 꿈이
모두의 미래다

사람 건축

소그룹 건축

건물 건축

달러구트 꿈 백화점은 꿈을 파는 꿈의 백화점이다. 이미예의 장편소설《달러구트 꿈 백화점》에 나오는 이야기이다. 이 책은 모든 사람에게 꿈을 주어 희망적인 삶을 살도록 하는 유쾌한 책이다. 백화점의 주인 달러구트는 온화한 성품이며, 수많은 사람의 상황을 잘 알고 있어 각자에게 적합한 꿈을 파는 노련한 주인이다. 그의 성품에서 드러나는 특징은 친절함, 온유함, 희망적인 말투, 위기에서도 화를 내지 않는 여유를 볼 수 있다. 꿈을 파는 사람은 꿈을 먹고, 꿈을 꾸며, 꿈같은 삶을 살 수 있는가 보다. 한 공동체의 리더는 달러구트처럼 꿈을 품고, 꿈을 주는 사람이어야 하지 않겠는가?

어느 가난한 가정에서 똑같이 자란 형제가 있었다. 그런데 형은 구걸하는 처지의 생활을 하는 반면, 동생은 훌륭한 대학 교수가 되었다. 기자가 두 사람을 취재하기 위해 먼저 형제가 자란 집에서 사는 형을 만났다. 그 집에는 액자가 하나 걸려 있었는데 "Dream is nowhere"꿈은 어느 곳에도 없다라고 쓰여 있었다. 형은 20년이 넘게 그 글귀를 보면서 삶을 비관하며 살았다.

기자는 동생의 연구실로 찾아갔다. 그리고 혹시 어렸을 때 집에 걸려 있던 액자를 아느냐고 물어보았다. 동생은 "아, 알다마다요. 그런데 혹시 그 글귀의 띄어쓰기가 잘못된 것 아니었나요?"하고 반문했다. 동생은 그 글을 "Dream is now here"꿈은 바로 여기에 있다라고 읽었던 것이다. 이 해석이 동생에게 꿈을 불어넣었고, 동생의 운명을 바꾸었다. 꿈을 가진 사람과 꿈이 없다고 비관하는 사람은 이처럼 하늘과 땅만큼 차이가 나게 된다.

너희 안에서 행하시는 이는 하나님이시니 자기의 기쁘신 뜻을 위하여 너희에게 소원을 두고 행하게 하시나니 _빌 2:13

하나님은 우리에게 꿈을 주신다. 특히 리더에게 꿈을 주실 때는 그 공동체 전체를 보신다. 리더의 꿈이 모두의 미래가 될 수 있다.

나는 잠을 자면서 꾸는 꿈을 전적으로 믿는 사람은 아니다. 그러나 하나님이 주시는 특별한 꿈이 있음을 믿는다. 그것이 밤에 꾸는 꿈 될 수도 있고, 하나님의 말씀에서 오는 꿈일 수도 있다. 언제나 하나님이 주시는 꿈은 반드시 이루어진다. 그래서 리더는 하나님이 주시는 꿈을 꾸며 살아야 한다.

나는 기쁨의교회에 부임하면서 꿈이 있었다. "세상을 그리스도에게로 인도하여 그리스도의 제자를 만들어 하나님께 영광 돌리는 교회"를 꿈꾸었다. 목회 철학을 만든 것이다. 이 꿈을 위하여 제자를 만드는 일, 소그룹 공동체를 세우는 일, 그리고 예배당을 세우는 일을 해 왔다.

1.
사람 건축

그리스도의 제자? 목사의 제자?

내가 담임 목사로 부임하면서 당회에 말씀드린 일성은 "제자훈련"이었다. 그동안의 경험을 바탕으로 제자 훈련하는 교회를 만들겠다고 말한 것이다. 그때 장로님들의 반응은 싸늘했다. 익산지역 교회에서 제자훈련을 한 목사님 중에 '목사의 제자'를 만든 분이 있었다는 것이다. 안 좋은 이야기를 듣고 보았기에 우려의 목소리가 나왔다.

그때 나는 이렇게 대답했다. "저는 예수 그리스도의 제자를 만들지 목사의 제자를 만들지 않습니다." 장로님들의 우려스러운 마음을 이해했다. 그 후로도 장로님들이 하신 말씀이 늘 나의 귓전에 메아리쳤다. 제자훈련은 주님의 제자를 만들어야 한다. 목사가 자기 사람을 만들면 안 된다!

내가 부임할 때, 우리 교회에서 오래도록 사역하고 있었던 부목사님이 있었다. 어느 날 그 부목사님이 나에게 조언을 해 주었다. "목사님, 이전 목사님이 OOO, OOO, OOO 집사님들을 특별 관리해 주셨어요. 목사님께서도 그런 분들을 잘 관리해 주시면 좋겠습니다." 나는 이 이야기를 듣자마자 이렇게 대답했다. "나는 누구를 특별관리하지 않습니다. 할 수만 있다면, 모든 성도를 동일하게 대우할 것입니다. 그리고 나는 당회원들과 협의하면서 목회를 할 것입니다."

담임 목회 초년병들이 범하기 쉬운 일 중 하나가 일하기 쉬운 사람과 함께 일하는 것이다. 담임목사의 의견을 존중하고 빠르게 대응하는 분들과 일하면 일은 빨리 이루어진다. 하지만, 교회의 대표인 당회와의 관계가 틀어지기 쉽다. 그런 경우를 종종 보아왔다. 그러면 결국, 목회를 그르칠 가능성이 크다.

목회는 자기 사람을 만드는 것이 아니다. 예수 그리스도의 사람을 만드는 것이다. 비록 자기를 힘들게 하는 사람이 있을지라도 그를 품어주어야 한다. 기도해 주어야 한다. 참 어려운 일이지만, 힘들게 하는 그 사람을 축복하며 기도하고,

불쌍히 여길 줄 알아야 한다. 나중에는 사랑할 줄 알아야 한다. 그러면 그분도 그리스도의 제자가 될 수 있다.

그러면 어떻게 해야 그리스도의 제자를 만들 수 있는가? 우리 목회자들의 실수 중 하나가 가르치기만 하려는 것이다. 나 또한 그런 경험이 있다. 훈련하고 설교하는데 교인들이 바뀌지 않음을 보고 실망할 때가 있었다. 가르치는 나는 잘하는 것처럼 흉내만 내는 목회를 하기도 했다. 동료 목회자들을 만나면 변하지 않는 성도들 이야기로 시간을 보내기도 했다. 너무나 부끄러운 이야기이다. 자기도 그리스도의 제자가 안 되었는데, 성도들을 가르쳐서 제자로 만들려고 한 것이다. 자기는 훈련이 다 된 것처럼 착각하는 것이다. 이것만큼 우스운 이야기도 없다.

그리스도의 제자를 만드는 첫 번째 단계는 목회자 자신이 제자가 되는 일이다. 내가 먼저 말씀을 실천해야 한다. 핸리 블랙커비는《영적 리더십》에서 "한 조직의 위대함은 리더의 위대함과 정비례한다"라고 말한다. 조직이 리더보다 위대해지는 일은 드물다. 따라서 조직을 키우는 비결은 곧 리더를 키우는 것이다. 그래서 블랙커비는 "리더라는 인간이 자라면 지도 역량이 자라고, 지도 역량이 자라면 그가 이끄는 조직이 자랄 가능성도 커진다. 그러므로 리더가 자기 조직을 위해 할 수 있는 최선의 일은 곧 자신이 자라는 것이다"라고 말한다.

나를 가르쳐준 목사님도 늘 그렇게 말씀하셨다. "목사는 교인 걱정하지 말고 자기만 걱정하면 됩니다!" 목회자는 자기를 바라보기보다 늘 교인들을 바라본다. 그들이 바뀌기를 바라며 설교한다. 내가 얼마나 오래 설교하고 가르쳤는데 왜 바뀌지 않느냐고 화를 내기도 한다. 문제는 성도가 아니라 목회자 자신이다. 내가 성장하면 교회도 성장한다. 내가 성숙하여 그리스도를 닮으면 교인들도 그렇게 변한다. 목사가 먼저 그리스도의 제자가 되어야 한다. 그러면 성도들도 자연히 목회자를 보고 배우면서 그리스도의 제자가 될 것이다.

훈련과 양육이 제자를 만든다
그리스도를 닮은 목회자가 훈련과 양육을 하면 그리스도

의 제자를 만들 수 있게 된다. 바울의 고백이 기억난다.

내가 그리스도를 본받는 자가 된 것 같이 너희는 나를 본받는
자가 되라 _고전 11:1

그리스도를 닮은 목회자가 그리스도를 닮은 제자를 만들
수 있다. 주님을 닮은 지도자는 드디어 제자를 양육할 수 있
는 자격을 얻게 되었다. 훈련과 양육의 방법은 어떤 것이 있
을까?

중요한 것은 본을 보이는 것이다. 무엇보다도 제일 중요한
훈련은 모범을 보이는 훈련이다. 백문불여일견百聞不如一見. 영
어로 표현하면, A picture is worth 1000one thousand words.
백 번 듣는 것이 한 번 보는 것보다 못하다는 뜻으로, 말 그
대로 직접 체험하는 것이 누군가에게 듣는 것보다 훨씬 더
빠르고 정확하게 알 수 있다는 뜻이다. 전한前漢 9대조인 선
제 때의 일화에서 유래한 말이다. 조선 초의 명재상 맹사성
때의 일화에는 이 뒤에 두 줄이 더 덧붙여지게 된다. "백문
이 불여일견이요, 백견이 불여일각이며, 백각이 불여일행."

말 그대로, "백 번 듣는 것百聞이 한 번 보는 것一見보다 못하며고, 백 번 보는 것百見이 한 번 생각하는 것一覺보다 못하고, 백 번 생각하는 것百覺이 한 번 행함一行보다 못하다"라는 뜻이다. 예로부터 보고 배우는 것이 배움의 지름길임을 알려 준 명언이다.

예수님께서도 제자훈련을 그렇게 하셨다. 예수님은 제자훈련의 교재도 없었다. 주님은 직접 보여 주심으로 가르치셨다. 예수님은 기도의 모범을 보여 주셨다. 사랑과 긍휼의 모범을 보여 주셨다. 치유와 기적의 현장에 제자들과 동행하셨다.

기쁨의교회에서 양육학교를 세팅할 때도 이런 원리를 적용했다. 부목사들이 양육의 경험이 없었기에 나는 모든 과정을 보여 주었다. 큐티학교, 합심기도학교, 확신반, 성장반, 제자반 등을 진행하면서 부목사들이 함께 참여하게 했다. 그렇게 1~2학기를 진행하고 난 후, 그 학교들을 부목사들에게 이양해 주었다. 그들이 그 학교들의 담당자가 되도록 했다. 이렇게 하니 2~3년 만에 모든 양육학교가 다 세워지게 되었다. 담임 목사는 제자반만 운영하면 되도록 한 것이다.

제자 훈련생들에게도 동일한 원리를 강조한다. 리더가 먼저 모범을 보여 준다. 기도의 삶, 헌금 생활의 모습, 봉사의 모습을 보여 준다.

야구해설가 하일성씨의 목격담이다.

프로야구 초기에 명성을 날리던 삼성 라이온스의 이만수 포수와 김시진 투수가 훈련하고 있었다. 각자의 아들들이 연습장에 놀러 왔다. 아버지들이 저쪽으로 가서 놀고 있으라고 하자 누가 시키지도 않았고 아이들끼리 누가 뭐 하자는 말 한마디 없었지만, 김시진 투수의 아들은 투수같이 공을 던지고, 이만수 포수의 아들은 포수처럼 자동으로 앉으면서 공을 받았다.

아이들은 아빠를 보고 배운다. 제자들은 보고 배운 대로 행동하게 된다. 예배당 건축을 할 때, 이렇게 훈련받은 성도들이 가장 많은 헌금을 했다. 장로님들을 비롯한 건축위원들 12명이 전체 건축헌금의 1/4 정도를 감당했다. 목사와 장로님들이, 그리고 훈련받은 지도자들이 헌신하니 전체 교회가 함께 그 일을 잘 감당하게 되었다. 성도들은 지도자를 바라본다. 지도자의 표정, 언어, 마음까지 바라본다. 1년만 함께 지내면 속속들이 다 알게 된다. "설교는 강단에서 내려온 다음부터 시작된다"라는 말이 있지 않은가? 말보다는 행동을 보고 있음을 늘 기억해야 한다. 그래서 훈련은 모범으로부터 시작되는 것이다.

양육에도 시스템이 필요하다

그리스도의 제자를 만드는 양육은 기계적인 과정이 아니다. 공장 컨베이어 벨트에서 획일적으로 만들어지는 상품이 아니다. 제자는 다양한 사람과 환경 속에서 역사하시는 성령의 역사로 제자가 만들어진다. 그래서 양육과정 속에는 반드시 성령의 인도하심이 있어야 한다. 기도로 양육해야 한다. 성령의 역사 위에 시스템이 필요하다. 과정이 있어야 한다.

기쁨의교회 양육 시스템을 소개하려 한다. 여기에는 필수과정과 선택과정이 있다.

필수과정

양육과정	기간	담당자
새가족반	6주(교회 소개 및 교육)	담당 권사
확신반	8주(목회 철학, 교리교육)	담임 목사
성장반	14주(기초 성경공부)	부목사들
큐티학교	10주(큐티 방법과 실제)	부목사
제자반	32주(큐티, 성경공부, 독서)	담임 목사
LMTC	24주(평신도 선교훈련)	외부 강사들

제직들과 중직자들은 필수과정을 모두 수료해야 한다. 특별히 제자반을 마친 분들만 장로 후보가 될 수 있다. 필수과정 중 LMTC는 중직자로 피택된 분들은 모두 수료해야 한다. 그 후에 임직식을 거행한다. 선교 훈련을 받는 것이 왜 중요한가? 평신도가 선교 훈련을 받으면 그 교회는 선교적 교회가 될 수 있다. 선교에 대한 이해가 있기에 자연히 선교 후원자들이 된다.

우리 교회가 케냐에 선교사로 파송한 분은 중고등학교 교사로 오래 일하다 헌신하여 선교사로 파송 받았다. 교사인지라 학교 사역을 하기 시작했다. 아이들을 모집하기 전에 학교 건물을 지어야 했다. 크지 않지만, 학교 건물을 세우는 데 재원이 상당히 필요했다. 선교사로부터 재정 후원을 요청받고 교회 앞에 광고했다. 특별헌금을 하지 않고 그저 광고만 했다. "케냐에 학교를 세웁니다. 마음에 자원하시는 분들은 이 일에 동참해 주시기 바랍니다!" 나는 두 주에 걸쳐 광고했다. 놀랍게도 두 주 만에 필요한 금액이 다 채워졌다. 어떤 은퇴 목사님은 본인이 가지고 있던 미화 1만 불을 기꺼이 내어놓으셨다. 20여 명의 자원하는 성도가 헌신하니 학교 하나가 세워진 것이다. 이들은 거의 다 선교 훈련을 받은 분들이었다. 참 감사한 일이다.

몽골에는 게르 교회를 세웠다. 선교사가 자동차가 필요하다고 광고하니 자동차 헌금을 하는 분들이 나타났다. 캄보디아에도 예배당을 세웠다. 우리 교회는 50여 가정의 선교사들을 후원하고 있다. 교회에서도, 사랑방에서도 후원을 한다. 교회의 선교 헌금과 사랑방 헌금에서 선교사들을 후원한다. 사랑방 헌금은 교회 재정으로 잡지 않는다. 헌금의 2/3는 선교비로, 1/3은 교구 재정으로 사용한다. 이런 시스템을 구축하면 좋은 장점이 생긴다. 사랑방 소그룹이 성장하면 할수록 선교 후원이 늘어나는 것이다. 얼마나 좋은 것인지, 다른 교회에서도 시도해 보면 좋은 결과를 낳게 될 것이라고 확신한다.

특히, 각 가정에서 선교사들을 후원하는 제도가 있다. 한 가정이 한 선교사를 후원하는 일은 가슴 벅찬 일이다. 한 교회가 할 일을 한 가정이 할 수 있기 때문이다. 가정 후원 선교사 제도에도 자원하는 가정들이 동참하고 있다. 훈련을 받으면 생각이 달라진다. 양육을 받으면 그리스도의 마음을 본받아 사랑과 섬김이 나오게 된다. 이 얼마나 가슴 벅찬 일인가?

선택과정

양육과정	기간	담당자
합심 기도학교	10주(기도 원리, 실습)	부목사
에! 성경이 읽어지네	12주	부목사
신·구약의 파노라마	6주(신, 구약 개관)	여전도사
나를 찾아 떠나는 여행	10주(집단상담)	협동목사
독서반	1년(책 읽기)	담임 목사 사모
커피 브레이크	1년(성경 공부)	담임 목사 사모

선택과정은 누구나 원하는 시간에 선택할 수 있다. 가능한 한 필수과정을 먼저 하도록 하지만, 틈틈이 선택과정을 공부할 수 있다. 이러한 양육과정을 통해 성경과 기도를 배울 수 있게 된다.

양육과정은 참 좋은 것인데, 한 가지 어려움이 있다. 그것은 지속성이 어렵다는 것이다. 대체로 이런 양육과정을 세팅하면 5년 정도 지나면 양육 받을 사람이 없다는 어려움에 봉착한다. 이유가 무엇인가? 그 이유는 새신자가 유입되지 않기 때문이다. 그래서 이런 양육 시스템이 원활하게 돌아가게 하기 위해서는 전도가 계속되어야 한다.

이를 시스템으로 구성하면 다음과 같다. '전도-정착-훈련-재생산'의 시스템이 원활하게 돌아가야 한다. 교회는 늘 구령의 열정이 있어서 전도가 활성화되어야 한다. 전도되어 등록한 성도들은 그 교회에 잘 정착해야 한다. 정착하면서 필요한 것은 양육과 훈련이다. 훈련받은 성도가 또 하나의 열매를 맺을 수 있도록 제자 삼는 일을 지속해야 한다. 이를 재생산이라고 한다.

또 하나의 열매를 바라보며

모소는 중국과 동아시아에서 자라는 대나무로, 심은 지 4년이 되도록 잘 자라지 않는다고 한다. 제아무리 좋은 환경에서도 그렇다. 그러다가 5년이 되면, 마치 마술에나 걸린 것처럼 갑자기 하루에 70센티미터씩 자라기 시작해서는 6주 안에 완전히 자라서 27미터에 이른다. 그러나 그것은 마술이 아니다. 모소 대나무가 그토록 급성장하는 것은 처음 5년 동안 자란 수 킬로미터 길이의 뿌리 덕택이라고 한다. 5년 동안 준비한 덕분이라는 말이다. 처음에는 더딘 것 같지만, 기초를 든든히, 뿌리를 든든히 하니 그 성장이 놀랄 만하지 않은가?

하나님 말씀으로 양육과 훈련을 받은 성도도 그러하다. 처음에는 약해 보이지만, 믿음이 부족해 보이지만, 어느덧 주님을 닮아갈 것이다. 주님께서 이렇게 말씀하셨다.

내가 진실로 진실로 너희에게 이르노니 나를 믿는 자는 내가 하는 일을 그도 할 것이요 또한 그보다 큰일도 하리니 이는 내가 아버지께로 감이라 _요 14:12

우리 속에는 주님의 영이 계신다. 우리 속에 계신 주님의 영이 우리를 주님처럼 변화시키신다. 양육과 훈련을 통해 믿음과 순종의 과정을 잘 통과하면 그렇게 될 줄 믿는다. 헨리 블랙커비는 《영적 리더십》에서 "영적 리더십에 합당한 성품을 키우시는 데 필요한 시간의 길이는 두 가지 요인으로 결정되는데, 하나님을 믿는 믿음과 하나님께 대한 순종이다"라고 말한다.

믿음과 순종으로 훈련된 리더는 또 다른 리더를 키울 수 있다. 또 하나의 열매를 맺게 된다. 그것도 주님을 닮은 사람으로, 리더를 닮은 사람으로 키우게 된다. 리더가 꿈을 꾸면 모두가 그런 사람이 될 수 있다. 리더가 그리는 교회의 모습은 예수 닮은 작은 예수 비전이어야 한다. 리더가 꿈을 꾸면 모두가 꿈을 꾸게 된다.

2.

소그룹 건축

한 사람이 떠났는데 서울이 텅 비었다

일시에 세상이 흐린 화면으로 바뀌었다

네가 남긴 것은

어떤 시간에도 녹지 않는

마법의 기억

오늘 그 불꽃으로

내 몸을 태운다

문정희 시인의 〈기억〉이라는 시이다. 사랑은 이런 것이다.
한 사람밖에 떠나지 않은 서울이지만, 아무도 남아있지 않
은 광야 같은 도시로 바뀔 수 있는 것이 깊은 사랑이다. 사

랑은 한 사람의 존재를 거대한 도시보다 더 크게 느끼게 만드는 그런 힘이다. 교회 공동체에는 이런 사랑이 필요하다. 성도 한 사람에 대한 사랑, 한 영혼에 대한 깊은 사랑이 절실한 시대이다. 소그룹의 장점은 이런 사랑이 가능하다는 것이다.

릭 워렌 목사도 이러한 주장을 했다.

"21세기 교회의 가장 중요한 이슈는 교회 성장이 아니라 교회 건강이다. 교인 숫자가 많고 적음이 문제가 아니라 건강이 문제다."

교회가 건강하려면 소그룹이 건강해야 한다. 소그룹으로 모일 때 서로 사랑해야 한다. 그러면 건강한 교회, 건강한 소그룹이 가능하다.

스파르타에서 나온 유명한 이야기가 있다. 스파르타의 왕이 자기 나라를 방문한 이웃 나라 군주에게 스파르타의 성벽을 자랑했다. 그런데 이 군주는 주위를 아무리 돌아보아도 성벽을 찾아볼 수가 없었다. 그는 스파르타 왕에게 "당신이 그렇게 자랑하고 있는 성벽이 어디 있습니까?"라고 물었다. 이때 스파르타 왕은 자기의 훌륭한 군대를 가리키면서 "이 사람들이 이 국가의 성벽이며, 모든 사람은 이 성벽을 이루는 벽돌들입니다"라고 대답했다고 한다.

벽돌 한 장이 그대로 떨어져 있는 한 아무 쓸모가 없다. 그러나 이 벽돌이 건물을 짓는 데 사용될 때 요긴하게 쓰인다. 그리스도인들도 마찬가지이다. 교회라는 공동체를 이루는 가장 작은 단위가 소그룹이다. 소그룹이 건강하며 서로 잘 연결되어 있으면 그 교회는 건강하게 된다.

리더가 꿈을 꾸면 모두가 꿈을 꾸게 된다. 리더가 그려야할 꿈을 잘 전달하는 데 필요한 것 중의 하나가 소그룹이다. 건물 건축 이전에 소그룹 건축이 필요하다.

소그룹 이론과 실제를 배우라

사도행전 2장 42절을 보면, '교제하고 떡을 떼며'라고 했다. 44절을 보면 '믿는 사람이 다 함께 있어 모든 물건을 서로 통용하고'라고 했다. 46절을 보면 '떡을 떼며…. 음식을 먹고'라고 했다. 한마디로 사도행전 초대교회는 성도 간의 교제가 아름다웠다. 그 모습을 바라보는 다른 사람들도 아름다운 모습을 칭찬했다.

'서로 교제하며'

요즘 우리 크리스천들이 자주 사용하는 기독교 용어인 '교제'fellowship는 과연 성경에서 말씀하고 있는 교제인지 의문이 든다. 교제를 의미하는 헬라어는 '코이노니아'이다. 코이노니아라는 단어 속에는 두 가지의 의미가 들어 있다. 첫째, 함께 나눈다는 의미가 있다공유. 둘째, 자신이 가지고 있는 것을 다른 사람에게 준다는 의미가 있다분유.

성도 간의 교제는 단순히 사람들과 음식을 먹으며 재미있는 대화를 나누는 것이 아니다. 무슨 기독교적인 분위기에서 게임을 한다거나 지난주에 있었던 일을 서로 나누며 이런저런 이야기를 하는 것만을 의미하는 것이 아니다. 그런 것들은 거듭나기 이전에도 해 왔다. 초대교회에는 무엇인가 새로운 나눔들이 있었다. 바로 '하나님의 말씀 속에서 배운 것을 서로 나누고 함께 기도하는 시간을 갖는 것'이었다. '다른 성도의 어려움을 중보기도하는 것'이며, '자신의 소유물을 서로 나누는 것'이 바로 그것이다.

그러므로 그리스도인의 교제는 단순한 사교적 활동이 아니라는 결론을 얻을 수 있다. 성경에서 말하는 '교제'란 무엇인가? 헬라어 원어에는 정관사가 붙어 있어 '그 교제'를 말씀하고 있다. '그 교제'란 무엇을 가리키는가? 유상섭 교수는 《분석 사도행전》에서 '그 교제란, 성령의 교제'를 가리킨다고 말한다. 그 교제, 성령의 교제가 가능한 곳은 교회이다. 특별히 소그룹으로 모일 때 가능하다.

소그룹의 이론과 실제를 목회자가 먼저 배워야 한다. 의외로 목회자들이 소그룹을 인도하기 어려워한다. 본인은 잘한다고 하지만, 실제로는 소그룹을 인도하면서 설교를 하는 경우가 많다. 목회자가 인도하는 소그룹에 참여하는 성도들은 조용하다. 듣기만 한다. 예배 시간에도 설교를 들었는데, 소그룹에 와서도 설교를 듣게 되는 현상이 벌어진다. 이것은 소그룹이 아니다. 이런 소그룹에서는 소그룹 다이내믹이 일어나지 않는다. 그러므로 목회자는 소그룹이 무엇인지, 어떻게 인도해야 하는지를 먼저 배워야 한다.

본인의 책 《수영로교회 소그룹 이야기》를 보면 소그룹의 시작부터 분가에 이르기까지 그 과정이 자세히 나온다. 소그룹의 이론적 근거를 이해해야 한다. 소그룹의 생명력을 알아야 한다. 소그룹의 다이내믹을 배워야 한다. 그리고 목회자가 직접 소그룹을 만들어 운영해 봐야 한다. 사실 개척교회를 세우는 일은 어렵다. 하지만 소그룹을 모집하여 운영하고 섬겨본 목회자라면 개척교회를 세우는 일도 성공할 가능성이 크다. 작은 소그룹을 성공적으로 운영해 보지 못하고 개척을 한다는 것은 다시 생각해 볼 일이다. 목회자는 소그룹을 충분히 경험해야 한다. 소그룹을 모으는 일, 마음 문을 열게 하는 일, 식사로 섬기는 일, 대화를 인도하는 일, 경청하는 일, 관심 갖고 기도해 주는 일 등을 다 해봐야 한다. 소그룹을 성공적으로 인도할 줄 아는 목회자는 교회를 성공적으로 목회할 가능성이 크다고 할 수 있다.

모든 교회는 소그룹을 시도할 수 있다

나는 목회학 박사 과정을 공부하면서 소그룹 사역Small Group Ministry에 대하여 배웠다. 부목사로 사역했던 수영로 교회에서는 기존의 구역 시스템을 소그룹 시스템으로 바꾸는 일에 참여했었다. 전통적인 구역조직을 능동적인 소그룹 형태로 변화시킨 것이다. 500여 개의 구역을 357개로 구조 조정했다. 형식적으로 모였던 구역은 실제로 모일 수 있도록 권장했다.

대체로 구역에 참여하는 분들의 성향은 이러하다. 적극적 참여자는 10~20%, 가끔 참여자는 20%, 전혀 참석하지 않는 성도는 30%, 장기 결석자는 30% 정도였다. 수영로 교회 소그룹 팀은 이 사실을 파악하고 적극적 참여자 중심으로 구역을 재편성했다. 이를 편의상 A, B, C 그룹이라고 명명했다. A 그룹은 구역에 적극적으로 참여하는 분들이다. B 그룹은 가끔 참석하거나 전혀 참석하지 않는 성도들이들은 주일 예배에는 참석함, C 그룹은 장기 결석자들이다. 소그룹으로 편성하면서 A 그룹 중심으로 재편성했다. A 그룹으로 4~5명을 편성했다. B 그룹도 4~5명, C 그룹도 4~5명을 편성했다. 이렇게 재편성하니 소그룹으로 모일 때 적어도 4~5명은 모이게 되었다. 이렇게 되면 소그룹으로서 다이내믹이 생기게 된다.

이 소그룹은 B 그룹을 권면하게 된다. 주일 예배에만 참여하는 분들에게 관심을 보여 그들도 소그룹에 참여하도록 권했다. 그리고 C 그룹은 전도 대상자처럼 여겼다. 장기 결석자들이므로 지속적인 관심과 기도가 필요한 분들이다. 사실 장기 결석자는 새롭게 전도하는 분들보다 더 어려울 수 있다. 하지만, 교인으로 등록된 분들이니 관심과 사랑으로 다시 신앙을 회복하도록 권하는 것이다. 이것이 소그룹의 장점이다.

이 모델은 대형교회에만 적용되는 것은 아니다. 나의 경험상 중형 교회나, 소형 교회에서도 가능한 것이다. 나는 부목사로 6년을 사역한 후 현재 시무하는 기쁨의교회 담임 목사로 부임했다. 담임 목사로 부임했을 때 장로님들이 하신 말씀이 너무 감사했다. "목사님은 여러 가지 경험을 했으니 목회를 마음껏 하십시오. 목회는 목사님 소관이니 목사님 마음껏 하십시오." 너무 감사한 말씀이었다.

담임으로 부임하고 바로 새로운 일을 시도하는 것은 참 어려운 일이다. 하지만, 기쁨의교회는 새 일을 시도하는 것에 주저하지 않았다. 나는 제일 먼저 소그룹을 개편했다. 수영로 교회에서 배우고 시도했던 일을 그대로 시행해 보았다. 기쁨의교회에는 80여 개의 목장이 있었다. 이전 목사님의 수고로 목장 체제가 있었다. 그러나 목사님이 사임하고 시간이 지나자 목장 모임이 구역모임처럼 다시 돌아간 상태였다.

그래서 80여 개의 목장을 57개의 사랑방 소그룹으로 재편했다. 수영로 교회에서 한 것과 같이 A, B, C 그룹으로 편성하여, 모일 수 있는 구조로 만들었다. A 그룹에 편성된 참여자들을 중심으로 모이기 시작했다. 함께 식사하고 기도하며 말씀을 나누었다. 인도자가 설교하는 것이 아니라 각자 받은 은혜와 다짐을 나누었다. 함께 기도함으로 성령의 역사를 기대했다. 새로 온 목사가 새롭게 소그룹을 시작하니 성도들의 기대감도 상승했다. 기대감이 있을 때 그 기대감을 충족시켜 주면 시너지 효과가 분명히 있게 된다.

이 모델은 초대형교회나 대형교회에서만 가능한 것은 아

니다. 규모가 적은 교회에서도 가능하다. 모든 교회가 가능하다고 본다. 처음에는 모일 수 있는 분들, 적극적 동참자들로 소그룹을 구성한다. 그것이 한 그룹이라도 좋다. 적극적 동참자들이 모여 은혜가 충만하면 된다. 기도가 풍성해야 한다. 소그룹 나눔으로 소그룹의 다이내믹이 만들어지면 된다. 이렇게 모이면 모이는 분들이 모임이 좋아 소문을 내게 된다. "우리 소그룹은 너무 좋아. 집사님도 참여해 보세요." 입소문이 중요하다. 입소문을 통해 점차 모이는 분들이 많아질 것이다.

대체로 목회 시스템이나 프로그램을 접목하다 보면, 어려움이 있다. 그 어려움이란, 작은 교회나 우리 교회에는 접목이 어렵다는 것이다. 그럴 수 있다. 미국의 모델이 한국에 다 맞지 않는다. 대형교회의 모델이 소형 교회에 어울리지 않을 수 있다. 하지만, 나는 확신한다. 소그룹은 어느 교회에나 어울린다고 생각한다. 누구나 어렵지 않게 시도할 수 있다고 생각한다. 한 번 시도해 보시라. 분명히 좋은 열매가 있을 것이다.

더욱이 포스트 코로나 시대에 교회에 절실히 필요한 것이 소그룹이라 할 수 있다. 소그룹이 기도하고 선교하며 구제할 수 있도록 동기 부여해 주어야 한다. 건강한 소그룹이 하나, 둘 생겨나면 그 교회는 분명 건강한 교회가 될 줄 믿는다.

소그룹이 또 다른 소그룹을 낳도록 하라

소그룹이 소문나야 한다. 좋은 음식점은 위치가 문제가 되지 않는다. 음식이 맛있으면 어디든지 사람들은 찾아간다. 문제는 음식 맛이다. 좋은 소문이다. 소그룹도 그렇다. 소그룹에 참여하는 분들이 은혜를 받아야 한다. 모이면 좋아야 한다. 성령의 역사를 경험해야 한다. 그러면 양적인 부흥이 일어나게 된다. 질이 좋으니 양적으로 성장하게 된다.

소그룹 사역의 핵심 중의 하나는 예비 일꾼을 양성하는 일이다. 리더순장, 섬김이, 목자…는 예비 리더를 준비시켜야 한다. 예비 리더는 반드시 교회의 양육 프로그램에 참여하도록 지도해야 한다. 리더로서 교양을 갖추도록 훈련받게 해야 한다. 그리고 리더가 운영하는 소그룹에서 리더를 보고 배우도록 해야 한다. 소그룹 배가의 핵심은 준비된 리더가 있느냐의 문제이다. 소그룹이 은혜가 넘치고 모이는 숫자가 많아지면, 분가해야 한다. 하나의 소그룹이 두 개로 분가해야 한다.

분가의 원칙이 있는가? 있다. 참여자의 숫자가 8명 이상이 될 때 리더는 분가를 서서히 준비해야 한다. 10명이 넘어가면 소그룹으로서 다이내믹이 떨어지기 시작한다. 모일 때 침묵하는 사람이 늘어나게 되기 때문이다. 리더는 예비 리더에게 모임을 인도하도록 기회를 자주 주어야 한다. 그리고 때가 되면 분가를 하도록 한다.

분가할 때, 중요한 것은 새 리더예비 리더가 더 많이, 더 좋은 사람과 함께 하도록 배려하는 것이다. 기존 리더는 새 리더가 좀 어렵게 생각하는 분들을 데리고 나와야 한다. 인원을 새 리더가 맡는 그룹에 더 많이 배치해 주는 것도 지혜이다. 소그룹이 성장하는 것은 목회의 기쁨이다. 세포가 건강할 때 인간이 건강하듯이, 교회의 소그룹이 건강하면 교회가 건강해진다.

기쁨의교회는 15년 전에 57개의 사랑방으로 시작했다. 현재는 114개의 사랑방으로 분가했다. 그리 큰 부흥은 아니지만, 소그룹이 성장하면 목회에 큰 기쁨인 것만은 틀림없다. 소그룹과 함께 지도자들은 성장한다. 지도자들이 성장하면 교회가 성장한다. 소그룹과 지도자들이 성장하면 그 교회는 건강한 교회가 된다.

기쁨의교회는 소그룹이 성장하면서 더불어 협력 선교도 성장한다. 사랑방 소그룹에서 드리는 헌금을 선교에 사용하기 때문이다. 각 사랑방은 협력선교사님을 위해 기도하며 헌금한다. 선교적 사랑방으로서 기쁨이 있다. 사랑방이 분가하고 배가하면 협력 선교도 배가한다. 사랑방 소그룹이 성장하면 선교 사역도 배가할 수 있는 구조라 할 수 있다. 참 기쁘고 즐거운 일이다.

소그룹은 선교를 위한 헌금만 하지 않는다. 소그룹으로 모일 때마다 후원 선교사를 위해 기도한다. 기도로 후원하게 된다. 기도보다 더 좋은 선교가 어디 있겠는가? 기도와 후원을 통해 선교사들에게 힘을 불어넣어 주는 소그룹이 되는

것이다. 그러므로 소그룹은 또 하나의 열매를 낳게 된다. 소
그룹 자체의 분가뿐 아니라, 해외 선교지에도 열매를 맺게
되는 축복을 경험하게 된다.

3.

건물 건축

건물은 필요 없는 시대가 되었다. 다시 초대교회로 돌아갔
나? 초대교회는 가정에서 소수의 성도가 모였다. 소수의 사
람밖에 없었으니 큰 예배당 건물이 필요 없었다. 코로나19
가 그런 상황을 소환했다. 대그룹 모임을 금지함으로 각 가
정에서 유튜브로, 줌으로 예배를 드리게 되었다. 이로 인해
많은 토론과 갈등을 초래한 것이 사실이다. 비대면 예배가
2년이나 계속되면서 이제는 자연스럽게 비대면 예배가 정
착(?)되었다. 물론 대면 예배가 회복되어야 함은 틀림없는
사실이다.

이런 상황 속에서 '포스트 코로나 시대에도 예배당 건물
이 필요한가?'라는 질문을 다시 던져야 하겠다. 건물로서의

성전은 무너졌지만, 함께 모여 예배하고 기도하는 건물은 여전히 필요하다. 솔로몬은 성전에 대해 이렇게 기도한다. 역대하 6장의 이야기를 들어보자. 솔로몬은 비로소 성전과 관련된 요청을 드린다대하 6:18~21. 이 성전을 향하여 기도할 때 하나님이 하늘에서 들으시고 사하여 달라고 요청한다.

> 그러나 나의 하나님 여호와여 주의 종의 기도와 간구를 돌아보시며 주의 종이 주 앞에서 부르짖는 것과 비는 기도를 들으시옵소서 주께서 전에 말씀하시기를 내 이름을 거기에 두리라 하신 곳 이 성전을 향하여 주의 눈이 주야로 보시오며 종이 이곳을 향하여 비는 기도를 들으시옵소서 주의 종과 주의 백성 이스라엘이 이곳을 향하여 기도할 때에 주는 그 간구함을 들으시되 주께서 계신 곳 하늘에서 들으시고 들으시사 사하여 주옵소서
>
> _대하 6:19~21

기도는 어디서 하느냐가 중요한 것이 아니다. '당신 앞에서' '당신의 종'이 기도와 간구로 부르짖는 것이다. 그때 하나님이 응답하시는 것임을 솔로몬은 분명히 인식하고 있다. 핵심은 기도하는 자가 누구며, 기도의 대상이 누구인가 하

는 것이다. 우리는 여기서 '나-너'I-Thou 관계가 기도의 핵심임을 알 수 있다.

'기도'와 '간구'와 '부르짖음'이라는 3개의 용어는 하나님의 백성들이 드리는 기도가 얼마나 다양하며 간절한 것인지를 잘 보여 준다. '기도'테필라는 가장 일반적인 용어이다. '간구'테힌나는 시편에서도 3번밖에 쓰이지 않은 용어로 예레미야서에서는 죽음의 두려움 앞에서 드리는 기도렘 37:20; 38:26이다. 그러므로 '간구'란 간절한 간청 기도를 가리킨다. 마지막으로 '부르짖는 것'린나은 '큰소리로 외치는 것'이기에 울부짖는 기도를 가리킨다.

성전 건축을 마친 솔로몬의 기도에서 보듯이 기도에서 '나와 당신'의 관계가 중요하다. 절대자 앞에 선 피조물이 기도와 간구와 부르짖음으로 그분께 나아가는 것이다. 그러므로 기도와 예배는 어디에서든지 가능하다. 개인이, 또는 소수가 예배드리기 위해서는 큰 건물이 꼭 필요한 것은 아니다. 하지만, 대그룹, 하나님 백성의 총회가 모여 예배드리기 위해서는 여전히 건물이 필요한 것이 사실이다.

또한, 다음 세대를 위한 교육의 장으로서의 예배당은 더욱 필요하다.

다음 세대를 위한 헌신

내가 기쁨의교회이전 성락교회, 예배당 건축 후 교회 이름을 바꿈에 부임했을 때 한 가지 놀란 사실이 있었다. 성인 성도는 약 800명 정도 출석했다. 그런데 주일학교 학생 수는 120여 명에 불과한 것이었다. 구도심에 있는 교회이기에 이해는 갔다. 그러나 장래를 생각할 때 걱정이 앞섰다. 앞으로 20년 후 이교회는 어떻게 될 것인가? 비정상적인 주일학교를 위해 기도하기 시작했다. 다음 세대를 세우기 위한 꿈을 꾸기 시작한 것이다.

기도하던 중 당회에 중요한 의견을 하나 내놓았다. 다음 세대를 위해 예배당을 신축하고 이전하자는 것이었다. 전통적인 교회, 50년이 넘은 교회에서 건축도 힘든 일이지만 예배당을 이전하는 것은 더욱 힘든 일이었다. 그러나 감사하게도 장로님들과 성도님들이 반응해 주셨다. 이때 도전했던 말이 있었다. "부모 세대가 잘 되기를 원하십니까? 다음 세대가 더 잘 되기를 원하십니까?" 나는 어디를 가든지 이 질문을 던져본다. 어느 지역, 심지어는 다른 나라를 가더라도 이 질문을 던져본다. 대답은 무엇이겠는가? 어느 나라, 어느 지역이든지 대답은 같았다. "다음 세대가 더 잘 되기를 원합니다!" 우리 교회 성도님들도 같은 대답을 했다.

나는 여기에 또 한 가지의 사례를 들었다. 예전에 영국에서 1년을 공부할 때 보았던 사실이다. 함께 공부하며 살았던 룸메이트가 가톨릭 신자였다. 신부 수업을 위해 대학을 다니다 포기하고 영국으로 유학 온 친구였다. 그 친구의 집은 충청도 어느 지역이었다. 매 학기 등록금과 생활비가 필요할 때마다 그의 아버지는 소 한 마리를 팔았다고 한다. 소를 팔아 영국에서 유학하는 아들에게 돈을 보내주는 것이었다. 한 학기에 소 한 마리였다. 부모님의 마음이 진하게 느껴졌다.

이 이야기는 좋은 사례가 되었다. 나는 교우들에게 이 이야기를 들려주었다. "자식 교육을 위해 소를 파는 아버지가 있습니다. 심지어 자녀 교육을 위해 논을 파는 분도 있습니다. 우리 교회는 어떻게 해야 할까요? 다음 세대를 위해 부모 세대가 헌신합시다. 예배당을 신축하고 이전합시다. 부모와 같은 마음으로 다음 세대를 위해 함께 헌신합시다!" 이런 도전은 영향력이 있었다. 지도자는 팔로워들이 따라오도록 노래를 불러야 한다. 좋은 꿈, 좋은 일은 노래를 불러야 한다. 한두 번 들어서는 잘 알아듣지 못한다. 지도자의 꿈이 팔로워들의 이야기가 되기 위해서는 계속 말해야 한다. 그러면 같은 뜻, 같은 마음을 품을 수 있게 된다.

말만 하면 되는가? 그렇지 않다. 노래를 부르고 더 좋은 일을 시도해야 한다. 우리는 이 일을 위해 '천일 작정 기도회'를 시작했다. 1천 일을 기도하면 이루어질 것을 믿는 믿음으로 시작했다. 두 달쯤 기도했는데 적당한 부지가 나왔다. 기도하면 하나님이 일하시기 시작한다. 신시가지로 조성되는 곳이었다. 아파트 시행업자가 아파트를 짓기 위해 작업을 하다 중단된 곳이었다. 3년 동안 노력을 했으나 시로부터 아파트 허가를 받지 못한 땅이었다. 그 업체가 조성한 땅은 5천 평이었다. 예배당을 짓기에는 큰 땅이었으나 넓은 부지에 무엇이든지 할 수 있을 것 같았다. 우리가 기도하기 시작하니 땅이 나온 것이다. 다니엘이 기도하기 시작하자 응답이 오지 않았는가? 기도를 시작하니 땅이 나왔다. 분명 하나님의 응답이었다.

나는 천일 정도 기도하면 예배당 건축이 완성되리라 보았다. 하지만 1,240일 만에 완공하게 되었다. 하나님은 우리가 더 기도하게 만드신 것이다. 다음 세대를 위해서는 부모 세대가 헌신해야 한다. 그 헌신은 기도요, 헌금이다. 무슨 일이든지 기도와 헌신이 어우러지면 역사가 일어난다.

많이 보고, 많이 토론하고, 목회 철학에 따라 설계하라

예배당 건축은 한 세대가 주도하고, 다음 세대가 혜택을 보는 것이다. 두 세대가 함께 참여하는 일이요, 혜택을 보는 일이다. 그러므로 많이 보고, 많이 토론하고, 목회 철학에 따라 설계해야 한다.

우리는 건물 설계를 하기 전에 많은 교회를 탐방했다. 이

전에 건축했던 교회들을 탐방하며 보고 배웠다. 건물의 좋은 점뿐 아니라 좋지 않은 점도 보았다. 성공적인 이야기도 필요하지만, 실패한 이야기가 더 도움이 되었다. 다른 교회를 탐방할 때 마지막에 꼭 물어볼 것이 있다. 그것은 실패한 이야기이다. 건축하면서 조심해야 할 점을 꼭 물어보아야 한다. 타산지석과 반면교사가 중요하다. 한 세대가 공을 들여 만드는 것이니 많이 보고, 많이 들어야 한다.

어느 교회 건축 위원장 장로님이 들려준 이야기를 정리하면 다음과 같다.

"첫째, 건축에서 제일 중요한 것은 방수이다. 요즘 건물을 잘 못 짓는 업체는 없다는 것이다. 그런데 건축을 잘하는 업체는 방수를 잘하는 업체라는 것이다.

둘째, 건축 업자를 선정할 때 할 수만 있으면 자기 교인으로 하지 말라는 것이다. 왜냐하면, 나중에 하자 처리와 금전적인 문제가 생길 때 서로가 어렵다는 것이다.

셋째, 시공 업체와 감리업체가 결탁하지 못하도록 해야 한다는 것이다. 감리를 제대로 하지 않으면 결국 교회가 손해를 볼 수 있기 때문이다.

넷째, 음향 인테리어에 큰 관심을 두어야 한다. 교회는 음악도 중요하지만, 무엇보다도 메시지 전달이 중요하다. 메시지 전달을 위해서는 반드시 음향 인테리어가 잘 되어 있어야 한다."

자신의 실수와 실패로부터 나온 이야기라 너무 귀한 것이었다. 성공한 이야기도 참고해야 한다. 그러나 실패한 것으로부터 더 많은 것을 배우게 되었다.

많은 사례를 보고 듣는 것이 좋다. 우리는 미국까지 가서 사례를 모았다. 미국 교회 중 교육 시설이 잘된 곳들을 탐방했다. 자료 수집을 철저히 하고 난 뒤에 건축 담당자들과 함께 토론해야 한다. 서로가 보는 관점이 다르니 많은 시간을 들여 토론하는 것이 중요하다. 목회자가 보는 관점이 다르고, 장로님이 보는 시각이 다르다. 전문가의 도움을 받아 의견을 청취해야 한다. 헨리 블랙커비는 《영적 리더십》에서 리더십 팀을 꾸릴 때 다양성에 대하여 강조한다. "승리하는 팀은 의도적으로 성별, 성격, 민족, 학력 등이 다양한 사람들을 모은다." 다양한 재능을 가진 사람이 필요하다. 다양한 전문가들이 참여하도록 해야 한다.

많이 보고, 많이 토론한 후 지도자는 결론을 내려야 한다. 자신의 목회철학과 토론된 이야기를 종합하여 건축의 방향성을 제시해야 한다. 설계자와 만나 자신의 목회철학과 건축의 방향을 말해야 한다. 우리는 설계 업자를 선정하고 이 과정을 놓치지 않았다. 설계 기간이 1년 걸렸다. 설계자와 토론하며, 설계 도면을 40여 차례 바꾸었다. 설계도가 완벽할 수는 없지만, 거의 완벽하게 설계해야 한다. 그러면 건축 중에 설계 변경이 거의 없게 된다. 건물은 설계한 대로 건축된다. 그러므로 설계 도면이 얼마나 중요한지를 먼저 인식해야 한다.

업자 선정은 담당 의사를 만나는 것처럼 중요하다

지방에서 큰 수술을 한 분들이 어려워하는 것이 있다. 수술이 잘 못 되어 서울의 큰 병원으로 가는 것이다. 지방에도 훌륭한 의사가 많이 있다. 하지만, 의료 장비가 열악할 수가 있다. 그러다 보니 오진이 나오기도 하고 수술이 잘 못 되는 때도 있다. 가끔 그런 일이 있다고 한다.

건축에도 그런 일이 있다. 업자 선정은 담당 의사를 만나는 것과 같이 중요하다. 업자 선정의 몇 가지 기준을 말하면 다음과 같다.

첫째, 정직한 업체인가? 교회 건축 업자 중에 세금을 제대로 내지 않는 업체도 있다. 주의해서 보아야 한다.

둘째, 건축 현장을 여러 군데 진행하는 업체인가? 대체로 예배당 건축을 하는 업체들은 영세한 업체들이다. 메이저 건설업체들은 예배당 건축에 잘 참여하지 않는다. 그러다 보니 영세한 업체들이 주로 참여한다. 영세한 업체가 여러 현장을 함께 진행하다 보니 우리 현장의 자금을 다른 현장에 사용하기도 한다. 다른 현장에서 자금의 어려움을 해소하기 위해 우리 현장의 자금을 그곳에 투입하는 것이다. 그러다 보면 그 현장도, 이 현장도 함께 어려워질 수 있다.

셋째, 교인이 소개하는 업체는 배제하라. 교인이 소개할 때 그 뒷배경이 있을 수 있다. 그래서 업체를 선정할 때는 공모해야 한다. 신문에 공고하고 기준에 맞는 업체가 경쟁

하도록 해야 한다.

넷째, 계약 금액을 깎지 말라. 건축 담당자들은 돈을 절약하기 위해 계약 금액을 깎으려고 한다. 처음에는 좋다. 적은 금액으로 계약하면 좋은 것 같다. 하지만, 건설 업자는 항상 손실과 이익을 생각한다. 깎으면 나중에 깎은 만큼 보전하기를 원하는 것이 심리이다. 조금 더 주더라도 계약을 잘해야 한다.

우리가 계약하려던 어느 건설회사는 부정직했다. 자신들의 자금 100억 원을 담임 목사 이름의 통장에 넣어 주겠다는 것이다. 그리고 그 통장에서 기성 대금을 달라는 것이었다. 그 의도는 자신이 은행 금리 정도의 이득을 더 보겠다는 것이었다. 또한 이 업체를 살펴보니 부가가치세도 내지 않았다. 탈세를 통해 또 10%의 이득을 더 보겠다는 심산이었다. 은행 이자와 탈세를 통한 이득, 그리고 공사 이익금을 합치면 약 30~40%의 수익을 보겠다는 것이었다. 그런 정직하지 않은 업체와는 계약할 수 없었다.

다른 업체의 부사장은 이런 말을 했다. "목사님, 교회 건축은 돈으로 하는 것이 아닙니다. 믿음으로 하는 것입니다."
그런데 그 말은 그의 진심이 아니었다. 결정적인 문제, 돈 문
제에 있어 의견이 갈리자 그의 본심이 드러났다. "목사님,
교회 건축을 믿음으로 하는 줄 아십니까? 교회 건축은 돈으
로 하는 것입니다!" 사람은 어려울 때 자기 본심이 나온다.

　우리가 최종적으로 계약한 업체는 처음에는 참 좋아 보였
다. 회장님은 장로님이었고, 사장님도 안수 집사였다. 어음
을 사용하지 않고 현금으로 공사를 진행하는 업체라고 자랑
했다. 그런데 문제는 그 업체가 또 다른 공사 현장을 가지고
있었다는 것이다. 다른 현장에서 자금이 막히자 이 업체는
우리 현장에서 나간 자금으로 그 현장의 공사를 했다. 나중
에 공사 진척도가 너무 더뎌서 알고 보니 그런 일이 있었다.
한 곳의 공사가 막히니 연쇄 반응으로 다른 현장도 어려워
졌다. 그러자 공사를 30% 정도 진행한 후 공사를 못 하겠다
고 했다.

　참 어려운 일이었다. 중간에 업자를 바꾸면 그 후유증이
크다. 업자를 바꾸는데 시간이 많이 들뿐더러, 교인들이 동

요하게 된다. 그러면 건축의 동력이 멈추게 된다. 나는 많이 고민하고 기도하다가 그 업체를 다시 붙잡았다. 계약 금액보다 더 주겠다고 했다. 돈을 더 준다고 하니 다시 공사가 진행되었다. 그렇게 하여 2년 만에 거의 중단 없이 공사를 끝낼 수 있었다.

좋은 업체를 만나는 것은 좋은 의사를 만나는 것과 같다. 그러니 많이 기도하고 많이 살펴보아야 한다.

재정은 걱정하지 말고?

나를 가르쳐주신 목사님은 늘 이런 말씀을 하셨다. "돈은 걱정하지 말고, 기도만 해라. 기도하면 하나님이 역사하신다. 건축헌금은 작정하지 말고 기도만 시켜라." 맞는 말씀이다. 하지만, 우리는 늘 자금에 대해 걱정한다. 그 목사님만큼의 믿음이 없어서이기도 하다. 정말 재정은 걱정하지 말고 기도만 하면 될까?

대답은 "그렇다"이다. 하나님이 기뻐하시는 건축이라면

자금은 하나님이 책임져 주신다. 방법도 알려주신다. 과정
도 은혜롭게 인도해 주신다. 예배당을 건축할 때 지도자들
이 조심해야 할 부분이다. 돈 걱정보다는 기도를 더 많이 해
야 한다. 성도들과 함께 지도자는 늘 기도해야 한다. 기도하
면 하나님이 사람을 통해 역사하신다.

우리 교회는 지방에 있는 소도시 교회이다. 교회에 부자도
별로 없다. 지방의 경제력은 서울과 대도시의 절반 정도밖
에 되지 않는 것 같다. 그런데도 부지 5천 평, 건평 3천 평의
예배당을 완공했다. 무슨 힘으로 그렇게 했을까? 기도와 헌
신이었다. 성도들이 함께 기도하니 기적 같은 일이 벌어졌
다.

특히 건축위원들의 헌신이 눈물겨웠다. 담임 목사를 비
롯한 당회원들, 그리고 건축위원 13명은 전체 건축헌금의
1/4을 감당했다. 건축위원들이 헌신하니 성도들이 힘을 모
아 주었다. 물론 은행 빚도 있다. 그러나 우리의 건축은 돈으
로 한 것이라기보다는 믿음으로 한 것이다. 어느 건설업체
부사장의 말이 틀렸다. "목사님, 교회는 믿음으로 짓는 것이

아니라, 돈으로 짓는 것입니다." 나중에 들어보니 이 업체는 부도가 났다고 한다. 그러나 믿음으로 건축한 우리 교회는 믿음으로 성장하고 있다. 감사하게도 건축 후 교회는 두 배로 성장했다. 교회는 믿음으로 짓는 것이다. 교회는 기도로 짓는 것이다. 돈은 걱정하지 말고, 우리의 믿음과 기도를 점검해보아야 한다.

III

리더가 선교적 교회를 꿈꾸면
선교적 교회가 가능하다

>>>>>

하나님은 사람을 세우신다. 그리고 그 사람에게 비전을 주신다. 그러니 하나님이 세우시는 사람이 얼마나 중요한가? 우리는 그 사람을 '리더'라고 말한다. 요즘 주변의 장로님들로부터 듣는 이야기가 있다. 장로님들의 하소연은 "목사님들은 많은데 목사님이 없다!"라는 이야기다. 후임 목사님을 청빙 할 때 어려움을 이렇게 호소한다. 왜 이런 현상이 일어날까? 이런 현상의 이면에는 두 가지의 문제가 있다고 볼 수 있다. 첫 번째는 훈련의 문제이고, 두 번째는 멘토링의 문제이다.

내가 신학을 공부하고, 목회 수업을 받으면서 아쉽게 생각한 것은 훈련의 문제이다. 우리의 신학교들에는 참 좋은 교수들과 양질의 신학 교육이 분명히 있다. 여기에 추가하여야 할 과목이 있다고 생각한다.

먼저는, 엑스포지터리expository **작업이다.**

주해 작업을 통해 본문을 깊이 연구하는 것이다. 원어로 본문을 연구하고, 그 구조를 분석해 본다. 그리고 그 본문의 메인 아이디어Main Idea를 붙잡아야 한다. 그 메인 아이디어를 중심으로 설교의 구조를 만든다. 메인 아이디어가 분명하면 메시지가 분명해진다. 단순해진다. 그리고 저자의 의도가 잘 드러난다. 이렇게 충실한 본문 연구를 통해 목회의 많은 부분을 차지하는 설교를 강화하는 훈련이 필요하다.

둘째로는, 책 읽기와 글쓰기이다.

리더는 항상 글을 쓰는 사람이다. 특별히 목회자는 더욱 그러하다. 매주 몇 편의 설교를 작성해야 하기 때문이다. 미국 신학교에서는 입학하기 전에 반드시 글쓰기writing 훈련을 먼저 하게 한다. 심지어는 미국 학생조차도 글쓰기가 부족하면 외국 학생들과 함께 writing class에서 훈련하게 한다. 그만큼 글쓰기를 중요하게 여긴다. 그런데 한국의 실정은 그렇지 못하다. 대학에서부터 이런 글쓰기 훈련을 해야 한다. 아니면 신학대학원에서는 반드시 있어야 할 과목이다.

다양한 분야의 책을 섭렵하도록 지도해야 한다. 특히 인문학 독서가 필요하다. 성도들이 읽는 책 정도는 리더가 읽어야 한다. 아니 더 읽어야 한다. 독서가 습관화되도록 지도해야 한다. 동시에 글쓰기 훈련을 해야 한다. 독서는 글쓰기에서 완성된다는 말이 있다. 읽은 것을 쓰는 것으로 드러내야 한다. 자기가 읽은 것을 쓰다 보면 생각이 정리된다. 논리가 정연해진다. 사람을 설득할 수 있게 된다. 그러므로 쓰기는 독서의 꽃이라고 할 수 있다. 책 읽기와 글쓰기는 아무리 강조해도 부족하지 않다. 성경도 필사하면서 읽으면 너무 좋다.

셋째로, 좋은 스승 밑에서 배워야 한다.

사람은 보고 배운 대로 행하게 된다. 보고 배운 것에서 더 발전할 수 있다. 그러므로 좋은 스승을 만나는 것은 복된 일이다. 필자는 학교에서 좋은 스승님을 만났다. 요한 계시록 논문을 쓰면서 참 좋은 지도를 받았다. 나의 신학적 발전에 기틀을 놓아 주셨다. 공부를 끝내고 목회 수업을 받을 땐 너무 좋은 목사님을 만나게 되었다. 3년간 목회 행정을 하면서 거의 매일 독대하면서 목회를 배웠다.

나의 멘토 목사님의 말씀이 목회에서 큰 도움이 되고 있다. "나에게서 좋은 것만 배우고, 그렇지 못한 것은 배우지 마! 나도 단점이 있는 사람이야." 목사님의 진솔하고 애정 어린 말씀이 지금도 기억에 남는다. 그래서 목회의 여러 상황을 맞이할 때마다 스승님을 생각해 본다. 그 목사님이라면 어떻게 하셨을까? 목사님은 이런 일을 어떻게 처리하셨을까?

나의 멘토 목사님으로부터 배운 좋은 것 중 하나가 선교적 교회를 만드는 것이다. 교회의 존재 목적은 주님의 지상명령The Great Commission을 이루는 것이다. 가깝게는 지역 사회를, 크게는 대한민국을, 그리고 열방을 주님께로 인도해야 한다. 지역 복음화, 민족 복음화, 세계 복음화를 이루는 교회가 되어야 함을 배웠다.

1.

미셔너리 처치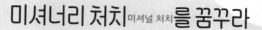미셔널 처치를 꿈꾸라

미셔너리 처치 Missionary Church **- 주님의 철학에 따라 움직이라**

코람데오 닷컴에 기고한 김동춘 SFC 대표 간사의 글을 보면, '미셔널 처치'라기보다는 '미셔너리 처치'가 되어야 함을 알 수 있다. 그의 주장은 본래 "교회 자체가 선교사 즉, Missionary Church였다. 그런데 이 주장이 미국으로 건너가면서 강한 도전적 구호가 완화되어 형용사로 대체된 Missional Church로 변형되었다"라고 한다.

레슬리 뉴비긴은 35년간 인도에서 선교 사역을 했다. 사역을 마치고 조국 영국교회로 돌아와 보니 영국교회가 많이 변질된 것을 발견한다. 오히려 영국교회에 복음이 필요하게 된 것이다. 선교적 DNA를 회복해야 함을 발견한 것이다. 그 래서 다시 미셔너리 처치를 부르짖게 된다. 그에 의하면, 미 셔널 처치는 '선교를 지향하는 교회'의 수준을 넘어선다. 더 나아가서 뉴비긴은 "교회 자체가 선교사Missionary Church다"라 고 말했다. 선교하는 교회가 아니라, '선교사 교회', 미셔너 리 처치가 되어야 한다. 미셔너리 처치가 된다는 것은 교회 구성원 모두가 선교사라는 말이다.

한동안 한국 선교의 대부 역할을 하였던 전주 안디옥 교 회 원로 목사이신 이동휘 목사님도 늘 그런 말씀을 하셨다. "성도들은 모두가 선교사입니다. 목사 선교사, 주부 선교사, 사장 선교사, 과장 선교사, 학생 선교사입니다." 이동휘 목 사님이야말로 한국의 레슬리 뉴비긴이다.

교회가 선교적 교회, 선교사 교회라는 신학을 바로 정립 해야 한다. 사실 교회는 프로그램으로 움직이기보다는 철 학에 따라 움직여야 한다. 《미셔널 처치 바로 알고 시작하 기》에서 한국일 교수는 프로그램보다 더 중요한 것은 '철 학'philosophy, '원리principle라고 말한다. 한국일 교수의 말에 의하면, "경영학자가 회사를 컨설팅할 때 3가지 관점으로 3P 이론으로 진단하고, 컨설팅하는데, 그것은 philosophy, principle, program이다. 한국교회는 program에 관심이 많다. program은 무궁무진하다. 그러므로 program보다 더 중요한 것은 신학적 관점, 목회적인 관점이다."

우리가 잘 알고 있는 주님의 지상명령이 있다. "그러므로 너희는 가서 모든 민족으로 제자로 삼아 아버지와 아들과 성령의 이름으로 세례를 베풀고 내가 너희에게 분부한 모든 것을 가르쳐 지키게 하라 볼지어다 내가 세상 끝날까지 너희와 함께 있으리라 하시니라"마 28:19, 20. 선교사 교회의 철학은 바로 이것이다. 이 세상에 존재하는 모든 교회는 이 명령, 이 철학을 따름이 옳은 일이다.

미셔너리 처치 바이러스처럼 살기
- 재생산 지수 1을 사수하라!

《뉴노멀 시대, 교회의 위대한 모험》에서 Neil Cole은 "코로나19가 지배한 세상에서 승리하기 위해 우리는 또 다른 바이러스가 되어야 한다. 바이러스가 된다는 것은 변화하는 세상에서 두려워하지 않고 끊임없이 변형, 적용하며 예수 그리스도의 사랑을 전파하는 것이다"라고 말한다. 위기를 통해 하나님께서 외치는 말씀에 귀를 기울여야 한다. "바이러스처럼 되어라!" 우리는 지역에 머무는 데 그치지 않고, 전 지구적으로 나아가야 한다.

코로나19 바이러스는 전 지구적인 현상pandemic이다. 이는 전염병이 국경을 넘는다는 말이다. 바이러스는 국경, 피부색, 당파, 계급을 구별하지 않는다. 예수 그리스도의 복음도 그러하다. 국경을 넘어가야 한다. 피부색에 한정해서도 안 된다. 당파나 계급을 뛰어넘는 것이 복음이다. 세계보건기구 산하 코로나19 전담팀의 기술 책임자인 마리아 반 케르코바 박사는 "바이러스의 목표는 더 많은 바이러스를 만드는 것이다. 그것은 스스로를 재생산하고 싶어 한다"라고 말했다. 우리는 여기서 중요한 것을 배운다. 우리도 재생산을 원해야 한다. 예수 닮은 제자들을 재생산해야 한다. 그러려면 가야 한다. 세례를 주어야 한다. 주의 말씀을 가르치고 지키게 해야 한다. 바이러스처럼 재생산 지수를 1 이상으로 높여야 한다. 우리가 재생산을 1로만 올릴 수 있다면, 세상을 바꿀 수 있을 것이다. 만일 그리스도인들이 모두 한 명의 제자를 재생산한다면, 세상은 극적으로 변할 것이다. 우리는 그리스도의 바이러스가 되어야 한다. 이것이 미셔너리 처치이다.

포스트 코로나 시대에 미셔너리 처치가 할 수 있는 일들

톰 레이너는《코로나 이후 목회》라는 책에서 새로운 시대 앞에 교회의 변화를 흥미 있게 보여 준다. 톰 레이너는 "교회 시설이 지역 사회를 '위한' 장소일 뿐 아니라 지역 사회 '안'의 장소가 되면 어떨까?"라고 질문한다. 코로나 시대를 지나면서 수많은 교회가 시설이 필수사항보다는 도구에 가깝다는 사실을 깨달은 듯하다. 이제 우리는 도구를 사용하여 지역 사회를 섬기면 어떨까?

목회자 그룹과 평신도 지도자 그룹이 함께 머리를 맞대면 좋은 아이디어들이 나올 것이다. 지역 사회를 위한 섬김을 다시 생각해 보아야 할 것이다. 조지아주의 한 교회는 거대한 건물의 절반을 지역 사회를 위해 내어놓았다. 경찰관 쉼터, 의료 센터, 세탁기와 건조기를 갖춘 세탁소, 아이 돌봄 서비스 센터를 제공했고, 무료 와이파이를 제공했으며, 예배당을 연주회 공간으로 내어주기도 했다. 어린이들을 위한 키즈 카페, 영어 도서관, 젊은이들을 위한 스터디 카페, 탁구장, 풋살장 등도 가능할 것이다. 교회의 규모와 재정 능력에 따라 마음만 먹으면 할 수 있는 일이 분명히 있다. 이러한 몸부림이 결국 복음의 접점이 될 것이다. 교회가 지역 사회를 위해 저금을 많이 쌓아 놓으면 신용도가 높아질 것이다. 결국 복음의 열매로 다가올 것이다.

2.

요한 계시록에서 배우는
미셔너리 처치

요한 계시록의 주제는 어린양을 닮은 교회의 선교적 사명
이라고 할 수 있다. 교회가 어린양 예수 그리스도를 닮아 희
생적 삶을 살아야 한다. 희생적 삶이란 주님처럼 십자가를
지는 삶이다. 그런 교회는 순교자의 무리인 144,000명이다.
숫자적인 144,000명이 아니라 12지파에서 나온 무리12지파
× 12,000명를 의미한다. 즉 교회가 주님처럼 순교하고 섬기면
이 땅에 하나님의 나라가 완성된다는 것이다. 그러므로 요
한 계시록은 무시무시한 책이 아니다. 묵시 문학적 장르를
잘 연구하면 그 속에 복음이 들어 있다. 교회가 복음의 정신
으로 살아갈 때 하나님의 나라가 완성될 것이다.

교회는 어린양을 닮아야 한다

그리스도를 따르는 교회의 가장 큰 소망은 그리스도를 닮는 것이다. 그리스도의 성품을 닮을 때 작은 예수가 된다. 바울 사도는 그리스도인이 본받아야 할 마음은 그리스도의 마음이라고 말씀한다.

> 너희 안에 이 마음을 품으라 곧 그리스도 예수의 마음이니 그는 근본 하나님의 본체이시나 하나님과 동등 됨을 취할 것으로 여기지 아니하시고 오히려 자기를 비워 종의 형체를 가지사 사람들과 같이 되셨고 사람의 모양으로 나타나사 자기를 낮추시고 죽기까지 복종하셨으니 곧 십자가에 죽으심이라 _빌 2:5~8

사도 요한도 교회가 본받아야 할 분이 어린양이신 예수 그리스도라고 말씀한다. 그 근거가 되는 몇 구절을 살펴보자. 그리스도께서는 교회의 지도자를 붙잡고 계시며, 그 교회 속에 함께 하신다.

> 에베소 교회의 사자에게 편지하라 오른손에 있는 일곱별을 붙잡고 일곱 금 촛대 사이를 거니시는 이가 이르시되 _계 2:1

예수 그리스도는 그 권능의 손으로 교회의 별을 붙잡고 계신다. 여기에서의 별은 교회의 지도자를 뜻한다. 그러므로 주님의 손에 있는 지도자들은 그 주님을 닮아야 한다.

또한, 그 주님은 일곱 금 촛대 사이를 거니시는 분이시다. 이는 구약의 제사장의 모습을 상상하게 한다. 제사장은 성전의 촛대를 관리하는 역할을 한다. 묵은 기름은 버리고 신선한 기름을 부었다. 주님은 대제사장으로서 교회 안에 계시면서 교회를 관리해 주신다. 그러므로 주님과 교회와의 관계는 뗄 수 없는 밀접한 관계이다. 밀접한 관계를 맺게 되면 서로 닮게 된다. 교회는 주님을 닮기에 결국 작은 예수가 되는 것이다.

그러면 주님의 어떤 모습을 닮게 되는가? 그분의 성품이다. 그분의 성품이 잘 드러난 곳이 바로 산상수훈의 팔복이다. 팔복은 곧 주님의 성품이다. '심령이 가난한 자, 애통하는 자, 온유한 자, 의에 주리고 목마른 자, 긍휼히 여기는 자, 마음이 청결한 자, 화평하게 하는 자, 의를 위하여 박해를 받은 자.' 이 성품들은 주님의 것이며, 결국 우리 그리스도인들이 닮아야 할 성품이다. 이 팔복의 성품을 닮기가 쉽지 않지만, 더 어려운 것이 있다. 그것은 죽기까지 희생하는 희생정신이다. 주님의 성품 중 가장 대표적인 것을 들라면 바로 희생하는 정신일 것이다. 요한 계시록은 이런 주님의 성품을 '어린양'이라는 단어로 표현한다.

어린양을 닮은 교회는 섬김과 희생의 정신으로 살아가야 한다

장로 중의 한 사람이 내게 말하되 울지 말라 유대 지파의 사자 다윗의 뿌리가 이겼으니 그 두루마리와 그 일곱 인을 떼시리라 하더라 내가 또 보니 보좌와 네 생물과 장로들 사이에 한 어린 양이 서 있는데 일찍이 죽임을 당한 것 같더라 _계 5:5~6상

우리가 닮아야 할 어린양의 모습이 잘 드러나고 있다. 어린양 예수 그리스도는 다윗적 메시아이시다. '유대 지파의 사자 다윗의 뿌리'라는 문구가 잘 보여 준다. 유대인들이 기대했던바 유대 지파의 사자로 막강한 권력과 힘을 가지고 오신 분 같다. 유대인들은 여기까지만 생각한다. 그런데 성경은 더 중요한 것을 말씀한다. 그다음에 나오는 구절이다.

요한 계시록을 해석하는 중요한 해석의 방법을 알아야 한다. 그것은 들은 계시의 말씀5절, 내게 말하되….을 보는 환상6절, 내가 또 보니….이 해석해 주는 것이다. 이런 구조는 7장의 144,000에서도 동일하게 나온다. 들은 계시의 말씀은 다윗적 메시아이다. 하지만, 해석해 주는 보는 환상은 죽임당한 어린양이시다.

그러므로 어린양 예수 그리스도란, 십자가에서 죽으심으로 메시아로서의 사명을 완수하신 분임을 알 수 있다. 이것이 요한 계시록을 푸는 중요한 키포인트이다. 그래서 주님을 닮는 교회에도 섬김과 희생을 요구하는 것이다. 그리스도를 닮는다는 것은 그분의 성품을 닮는 것이며, 그분이 행하신 사역도 닮는 것이다.

그렇다면, 그리스도 예수를 닮은 교회는 그분처럼 희생과 섬김의 삶을 살아야 한다. 포스트 코로나 시대의 리더는 그런 사람이 되어야 한다. 어린양 예수 그리스도처럼 희생하는 모습을 보여야 한다. 섬기는 모습을 보여야 한다. 먼저 모범을 보여야 한다. 그래야 이 시대에 영향력 있는 지도자가 될 것이다.

금세기 리더십의 권위자 John Maxwell은 예수님의 리더
십에서 종의 자세Servanthood를 상기시켜 준다. 예수님의 삶은
섬김 그 자체였다. 아무 조건 없이 그냥 섬기셨다. 그래서 맥
스웰은 이렇게 강조한다.

> "건강한 리더는 섬기고 씻어주는 towel에 관심이 있고,
> 건강하지 못한 리더일수록 자기를 내세우는 title에 치심
> 侈心: 사치를 좋아하는 마음한다."

예수님께서 강조하시는 영적 권위는 지위나 혹은 직함, 신
분에 있는 것이 아니라 수건을 두르고 섬기는 것에 있다.

중세기 경건한 신학자요 수사였던 끌레르보의 버나드는
이렇게 말했다.

> "당신이 리더십을 행하려면, 당신에게 필요한 것은 홀
> 이 아니라 괭이라는 교훈을 터득하기 바란다."

몇 년 전에 책을 읽다가 크게 감동한 문장이 있다. 영어로 단순한 문장이다.

"Second but better."두 번째가(지만 더 좋을 수 있다.)

외국 사람들이 축구선수 박지성을 좋아하는 이유 중 하나는 그가 어시스트를 잘해주기 때문이다. 우리는 스타가 되려다가 스스로 타락할 수 있음을 명심해야 한다. 어린양 예수 그리스도를 닮은 지도자는 언제나 섬기는 자이며, 희생하는 자이다. 목회자가 먼저 섬기면 성도들이 따라서 섬긴다. 목회자가 먼저 기도의 본을 보이면 그 교회는 기도하는 교회가 될 것이다. 목회자가 먼저 헌금하고 헌신하면 헌신하는 사람이 넘치게 될 것이다.

본인이 섬기는 기쁨의교회는 제자훈련과 선교훈련LMTC으로 다져진 교회이다. 그러다 보니 성도들이 목회자의 마음을 잘 이해한다. 성도들도 목회적 마인드가 있다. 선교적 마인드도 물론이다. 우리 교회가 파송하고 후원하는 선교사님들의 어려운 형편을 접하게 되면 후원하는 분들이 많이 일어난다. 케냐에 학교를 세울 때, 몽골에 교회를 세울 때, 캄보디아에 교회를 세우고 수해 복구를 할 때, 어려운 교회가 수해를 당해 지붕이 날아갔을 때 섬기는 분들이 많이 있었다. 목사가 설교 후 광고만 해도 필요한 재정이 다 채워졌다. 아니 넘치게 들어와, 그만하라고 광고할 때가 있었다. 참 감사한 일이다. 우리 주 예수 그리스도를 본받아 제자의 삶을 살게 되면 이런 일이 일어나게 된다고 믿는다. 이런 섬김과 희생의 리더십이 나타나면 어떤 일이 벌어질까?

섬김과 희생의 모습을 보면 세상은 그리스도에게로 돌아온다

섬김과 희생을 볼 때, 세상은 회심하고 그리스도에게로 돌아온다. 우리의 어린 시절을 생각해 보자. 우리의 행동과 사고가 변하였던 경험이 있는가? 부모님의 회초리 때문에 변했는가? 아니면 어른의 잔소리 때문이었는가? 그런 일은 별로 없다. 우리가 변한 것은 부모님의 눈물 때문이다. 부모님의 희생과 섬김 때문이었다.

요한 계시록에서 어린양을 닮은 교회가 어린양처럼 희생

한다. 요한 계시록 11장에 교회의 희생이 등장한다.

> 그들이 그 증언을 마칠 때에 무저갱으로부터 올라오는 짐승이
> 그들과 더불어 전쟁을 일으켜 그들을 이기고 그들을 죽일 터인
> 즉 그들의 시체가 큰 성 길에 있으리니 그 성은 영적으로 하면
> 소돔이라고도 하고 애굽이라고도 하니 곧 그들의 주께서 십자
> 가에 못 박히신 곳이라 백성들과 족속과 방언과 나라 중에서 사
> 람들이 그 시체를 사흘 반 동안을 보며 무덤에 장사하지 못하게
> 하리로다 _계 11:7~9

어린양을 닮은 교회가 순교하는 장면이다. 어린양이 사흘
동안 무덤에 계셨던 것처럼, 교회는 사흘 반 동안 무덤에 장
사하지 못하게 된다.

> 삼 일 반 후에 하나님께로부터 생기가 그들 속에 들어가매 그들
> 이 발로 일어서니 구경하는 자들이 크게 두려워하더라 _계 11:11

삼 일 반 후에 교회가 살아난다. 희생과 섬김으로 죽었던
교회가 어린양처럼 부활한다. 그리스도께서 삼일 만에 부

활하신 것처럼 그를 따르는 성도는 삼 일 반 후에 부활한다. 이는 묵시적 언어로 치환한 것이다. 이 모습을 본 세상은 놀란다. 그리고 영광을 하나님께 돌린다.

> 그 때에 큰 지진이 나서 성 십 분의 일이 무너지고 지진에 죽은 사람이 칠천이라 그 남은 자들이 두려워하여 영광을 하늘의 하나님께 돌리더라 _계 11:13

교회가 희생하고 부활하니 수많은 사람이 이를 보고 하나님께 영광을 돌린다. 지진에 죽은 사람은 칠천 명이다. 이는 숫자적인 칠천 명이 아니다. 구약에서는 바알에게 무릎을 꿇지 않은 자가 칠천 명이었다. 하지만, 신약에서는 회개하지 않는 자가 칠천 명이다. 멸망하는 자들이다. 이유는 그리스도의 십자가의 능력 때문이다. 구원 얻는 자의 수가 역전된다.

이 일이 가능하게 된 이유가 무엇인가? 첫째는 그리스도의 십자가와 부활 때문이다. 두 번째는 어린양 그리스도를 닮은 교회 때문이다. 교회가 어린양처럼 죽고, 희생하고, 부활하자 수많은 사람이 주께로 돌아온다.

여기에서 우리는 중요한 교훈을 얻게 된다. 어린양 그리스도를 닮은 교회의 선교는 곧 희생이다. 섬김이다. 목회 현장에서, 선교 현장에서, 삶의 현장에서 이 정신으로 살아가야 한다. 이것이 주님을 닮는다는 말이다. 그러면 선교가 된다. 목회가 된다. 이 놀라운 진리가 포스트 코로나 시대에 더욱 절실하지 않겠는가?

선교적 교회, 신부가 되다

어린양 예수 그리스도를 닮은 교회가 희생하면 세상을 얻게 될 것이다. 교회의 이런 희생 이후에 찾아오는 기쁨은 무엇이겠는가? 어린양 예수 그리스도의 보상은 무엇이겠는가? 요한 계시록은 그것을 '어린양의 신부'라고 말씀한다.

또 내가 보매 거룩한 성 새 예루살렘이 하나님께로부터 하늘에서 내려오니 그 준비한 것이 신부가 남편을 위하여 단장한 것 같더라 _계 21:2

계시록 21장은 새 예루살렘을 그리스도의 신부인 교회로 그리고 있다. 새 예루살렘의 모습이 21장에 나오는데 그 모습이 온갖 보석으로 꾸며져 있다. 성이 신부인 교회라는 것을 어떻게 알 수 있는가?

> 그 성곽을 측량하매 백사십사 규빗이니 사람의 측량 곧 천사의 측량이라 _계 21:17

144규빗이란 '12지파 × 12사도'이다. 이는 신·구약의 모든 교회를 의미한다. 어린양의 신부인 교회가 새 예루살렘이다. 그런데 새 예루살렘의 치장을 보자. 성곽은 벽옥이며 성은 정금이다. 성곽의 기초석은 열두 가지의 보석으로 꾸며져 있다. 무슨 이야기인가? 새 예루살렘인 교회는 그리스도의 신부이다. 그리스도의 신부는 그리스도처럼 영롱한 보석 같은 존재가 됨을 의미한다. 우리가 광물질인 보석이 된다는 말이 아니다. 보석같이 존귀한 존재가 됨을 의미한다.

어린양 예수 그리스도를 닮아서 희생한 교회는 그 성품이 그리스도처럼 변한다. 그 존재가 보석같이 존귀하게 변하게 될 것이다. 십자가 없이는 면류관이 없다No Cross, No Crown!. 교회와 지도자들이 섬김의 삶, 희생적인 삶을 살게 되면, 세상이 주를 보게 될 것이다. 주님은 교회의 이런 희생을 귀하게 보셔서 교회를 보석 같은 존재로 만드실 것이다. 그렇게 교회는 주님의 신부로서의 모습을 갖게 된다. 놀라운 보상이다. 현재의 고난은 장차 나타날 영광과 족히 비교될 수 없다.

3.

선교적 소그룹을 세팅하기

수영로 교회, 기쁨의교회 이야기

포스트 코로나 시대의 대안은 소그룹이다

톰 레이너는《코로나 이후 목회》에서 앞으로는 소모임이 대세를 이룰 것이라고 말한다. 군중을 수용하기 위해 더 큰 예배당을 짓는 것은 오직 베이비붐 세대만을 위한 트렌드였다고 말한다. 이제는 소모임의 시대이다. 사회적 거리두기로 인해 많은 교회가 어쩔 수 없이 작은 모임들로 전환하게 되었다. 많은 교회가 예배 횟수를 늘렸고 그 상태를 유지할 것이다. '멀티' 교회로 전환하는 교회도 늘어날 것이다.

한국적 상황에서 멀티 교회보다는 소그룹의 확장이 더 적합하지 않겠는가? 그동안에도 소그룹의 중요성이 강조되었지만, 코로나 시대를 통해서 더욱 필요성을 느끼게 되었다. 사회적 거리두기로 5인 이상, 6인 이상 집합 금지 조치가 종종 시행되었다. 5인, 6인 정도면 함께 모여 소그룹을 하기에 적합한 인원이다.

또한, 컴퓨터와 스마트 폰이 가능한 세대는 줌으로 모임이 가능하다. 어느 정도의 한계는 있지만, 줌 미팅이 익숙해지면서 오히려 선호하는 부류도 생기게 되었다. 디지털 기기에 익숙하지 않은 세대를 위해서는 대면으로 모이는 소그룹이 적합하다. 방역지침을 지켜가면서 소그룹으로 모일 때 성도의 교제가 끊어지지 않을 것이다.

스마트 기기와 대면 모임이 불가능한 어르신들도 있다. 교회 출석 자체가 어려운 분들이다. 이들을 위해서는 아날로그 방식을 선택할 필요도 있다. 교회 신문을 만드는 것이다. 매주 설교를 싣고 교회 소식과 간단한 교회 행사 사진을 실어주는 것이다. 교회 형편에 맞게 편집하여 간단한 교회 신문을 만들어 보면 어떨까? 그리고 이 신문을 우편 발송하는 것이다. 기쁨의교회는 매주 500매 정도의 신문을 우편 발송하고 있다. 가정에서 교회 신문을 받아보는 분들은 꼼꼼히 신문을 읽어본다고 하신다. 소그룹 모임이라고 할 수는 없으나 이도 저도 안 되는 분들을 위한 교회의 배려가 필요하다.

초대교회 때도 소그룹은 적합했다. 교회가 성장했던 시기에도 소그룹은 꼭 필요했다. 포스트 코로나 시기에도 소그룹은 당연히 필요하다. 이렇게 소중한 소그룹의 특징은 무엇이 되어야 하겠는가?

선교적 소그룹을 지향하라

박윤성의 《수영로 교회 소그룹 이야기》에 보면, 전통적인 구역조직을 역동적인 소그룹으로 전환한 이야기가 나온다. 한국교회의 부흥 요인 중 하나였던 구역모임은 참 대단했었다. 지역별로 구성된 작은 교회나 마찬가지였다. 전통적으로 한국교회는 매주 금요일 오전과 저녁에 구역예배로 모였다. 구역장의 리더십 아래 함께 예배하고 음식을 나누며 기도했다. 이렇게 좋은 구역모임이 서구 교회에 알려지면서 많은 연구가 진행되었다.

서구에서 나온 소그룹 사역small group ministry, 셀 사역cell ministry이 있다. 이는 대한민국의 구역모임에서 나온 것이다. 여의도 순복음 교회의 구역모임을 연구하여 서구식으로 리모델링 한 것이 'cell ministry'였다. 이어서 많은 연구를 통해 소그룹 사역이 전 세계적으로 확산했다. 물론 소그룹 사역은 영국의 감리교의 속회 모임으로 올라가야만 한다. 하지만, 전 세계적으로 영향력을 미친 것은 한국의 구역모임이라 할 수 있다.

구역모임을 연구하던 목회자, 학자들이 대 위임명령을 추가하여 선교적 소그룹으로 확장한 것은 참 좋은 일이라 생각한다. 한국적 구역모임소그룹은 예배와 기도 중심이었으나, 서구식 소그룹은 주님의 지상명령을 추가하여 더욱 역동적인 그룹으로 세팅한 것이다. 너무 좋은 시도라고 생각한다. 이를 이름하여 '선교적 소그룹'이라 할 수 있겠다.

교회의 존재 목적은 이 땅에 하나님 나라를 구현하는 것이다. 이를 위해 주님의 지상명령을 수행하는 것이 중요하다. 그러므로 선교가 바탕이 되지 않은 교회는 교회라고 부르기가 민망하다. 좀 과격한 이야기이지만, 선교가 기본이 되지 않은 소그룹은 소그룹이 아니라고 말할 수도 있다. 그렇다면 선교가 기본이 되는 소그룹을 만들려면 어떻게 해야 할까?

먼저 방법론보다는 원론적인 이야기를 하고 싶다. 우리의 궁극적 목표는 선교적 소그룹을 만드는 것이다. 그런데 그렇게 하기 위해서는 먼저 그런 마인드를 가진 제자를 만들어야 한다. 제자가 되는 것이 먼저이고, 그렇게 만들어진 제자가 선교적 소그룹을 만들 수 있다. 마이크 브린Mike Breen은 〈왜 선교적 운동은 실패할 것인가?〉Why the Missional Movement will Fail라는 도전적인 글을 발표했다. 마이크 브린은 이렇게 말한다.

"우리는 단지 생존이 아닌 하나님 나라의 성장과 발전을 위해 치열하게 싸우고 있는 총명한 시민들을 전쟁에 필요한 적절한 훈련 없이 가장 치열한 전투 현장에 투입하고 있다."

다시 말해 제자화하지 않고 선교 현장에 투입하는 꼴이 되었다는 것이다. 마치 한국전쟁 때 훈련도 받지 못한 학도 병들을 최전선에 투입한 것과 마찬가지라 할 수 있다.

그렇다면, 선교적 소그룹을 만들기 이전에 제자훈련이 선행되어야 한다. 왜 제자훈련인가? 그 대답은 매우 단순하다. 하나님의 선교는 사람을 통해 이루어지기 때문이다. 교회마다 제자훈련이 다 있을 것이다. 어떤 교재를 사용하든지 말씀과 기도, 그리고 선교적 훈련을 하면 제자훈련이라고 말할 수 있다. 심지어는 할머니, 할아버지 성도님들조차도 가능하다. 꼭 성경 공부를 하지 않아도 말씀과 기도와 섬김을 훈련하면 제자훈련이 아니겠는가? 그리스도를 섬기고, 그리스도처럼 살아가는 사람을 제자라고 하기 때문이다. 어떤 형태로든지 그리스도를 닮고 그리스도처럼 생명을 살리기 원하는 사람으로 만들어내는 것이 필수이다. 그러면 선교적 소그룹이 가능하게 된다.

선교적 소그룹이 하는 일

소그룹의 기본은 '4W'라고 말한다. 기본적으로 이 네 가지가 포함되면 좋은 소그룹이라 말할 수 있다. '환영'Welcome, '예배'Worship, '말씀 나눔'Word, '선교를 위한 기도와 헌금'Works 이다.

1) 환영Welcome

소그룹이 모일 때, 이 환영의 시간은 출입문이다. 우리가 다른 집을 방문할 때 그 집 주인이 우리를 환영해 주면 마음이 열리게 되어 있다. 탈무드에 보면, "객에게 호의를 베푸는 일은 하나님의 임재를 환영하는 것이다"라는 말이 있다. 손님에게 호의를 베푸는 일은 곧 하나님을 환영하는 일이다.

구약 당시 손님을 환대하는 행위는 선을 베풂으로 잠재적인 원수를 내 편으로 만드는 것이었다. 해하려고 온 사람일지라도 그의 마음을 돌이킬 수 있는 것이었다. 선을 베풂으로 원수라도 내 편으로 만드는 지혜로운 방법이었다. 원수라도 그 마음을 돌이키도록 하는 것이 환대이다. 크리스틴

폴은 《손 대접》에서 "환대가 초기 기독교의 소중한 유산이자 기독교 사회윤리의 핵심이었다"라고 말한다.

구약성서에서 하나님은 자신의 백성을 먹이고 양육하는 분으로 묘사된다. 하나님은 우리를 자신의 잔치에 초대해 구원을 베푸시는 분이다. 구원은 하나님이 자기 백성과 함께 먹고 마시는 잔치에 비견되고, 하나님의 환대를 공유하는 것이다. 예수님과 제자들의 식탁 교제는 종말론적 잔치를 미리 맛보여준 자리였고, 이 잔치는 더 나아가 가난한 자들, 갇힌 자들, 눈먼 자들, 억눌린 자들을 초대하는 잔치였다. 예수님은 식탁 교제를 통해 외인들이 하나님의 친구로 바뀌고, 그들도 하나님의 임재를 경험할 수 있는 환대의 공간을 만들었다.

이런 성경의 전통을 잘 이해하고 소그룹 멤버들을 환영하는 것이 너무 중요하다. 동성끼리는 악수뿐만 아니라, 허깅으로 맞아주면 어떨까? 간단한 음료와 과일로 대접해도 좋겠다. 좀 더 마음을 써서 간단한 식사로 환대해주면 더 좋을 것이다. 소그룹에 처음 참석하는 성도를 위해 작은 선물이라도 준비하면 기쁨은 배가될 것이다. 만일 전도 초청 주간

이라면 새 신자에게 꽃다발이라도 주면 좋겠다. 누구나 환
대를 받으면 마음이 열리게 되어 있다.

2) 예배Worship

환영의 시간을 갖고 자연스럽게 찬양의 시간으로 들어가
면 좋겠다. 알기 쉬운 찬송가로부터 누구나 쉽게 부를 수 있
는 복음성가도 가능하다. 찬양은 하나님께 영광을 돌리는
예배이다. 찬양은 곡조가 붙은 우리의 기도이다. 찬양함으
로 마음이 하나가 되는 것이다.

찬양을 위해 찬양 도우미를 세우면 좋겠다. 찬양에 은사가
있는 분을 세운다. 그분이 미리 찬양곡을 준비하도록 한다.
그러면 찬양 도우미는 며칠 전부터 준비하게 된다. 찬양을
준비하면서 은혜를 먼저 받기도 한다. 본인의 경험에 의하
면, 찬양 도우미를 세웠더니 그 성도가 기타를 사서 미리 찬
양곡을 연습해 오는 것이었다. 나중에 그분은 외국인 예배
부에서 찬양 인도자가 되었다. 소그룹을 통해 일꾼이 세워
지는 경험을 했다.

3) 말씀 나눔Word

찬양으로 예배를 드린 후, 이제는 말씀으로 은혜를 나누는 시간을 갖는다. 소그룹에서 말씀 나눔은 말 그대로 나눔의 시간이다. 설교의 시간이 아니다. 우리 전통에 의하면, 모여 예배를 드릴 때 늘 설교하는 사람이 있었다. 설교는 중요한 것이다. 대그룹으로 모였을 때는 목사님의 설교가 필요하다. 그러나 소그룹으로 모일 때는 나눔Sharing이 필요하다.

말씀 나눔을 위해 목사님의 주일 설교 나눔지를 준비해야 한다. 교회에서 소그룹을 위한 나눔지를 준비해 주어야 한다. 목사님의 설교를 요약하고 그것을 바탕으로 대화를 할 수 있도록 나눔 질문을 몇 가지 준비해야 한다. 그래서 자기가 받은 은혜나 다짐을 서로 나누도록 한다. 이때 은혜가 크게 임한다. 요즘 사람들은 듣는 것보다 자기 말을 하게 되면 더 집중하고 좋아한다.

이 나눔은 누가 인도하는가? 구역장순장, 섬김이, 목자…이 하는 것이 좋겠다. 리더가 어느 기간 동안 인도하다가 예비 구역장을 시키는 것이 좋다. 예비 구역장이 인도하다가 어느 시점에 그 구역을 분가해야 하기 때문이다.

4) 선교를 위한 기도와 헌금Works

말씀을 나눈 후 마지막으로 사역의 시간을 갖는다. 선교적 소그룹이므로 선교적 접근이 중요하다. 그 그룹이 후원하는 선교사님의 기도 편지를 읽는다. 기도 편지에 나와 있는 기도 제목을 함께 기도한다. 그리고 선교를 위해 헌금을 한다. 구역 헌금인 것이다.

기쁨의교회는 구역 헌금사랑방 헌금으로 협력 선교사들을 후원한다. 사랑방 헌금을 교회 재정으로 입금하지 않는다. 그 헌금으로 30여 선교사들을 후원한다. 한 달에 100불 정도이지만, 소그룹이 기도하면서 드린 헌금이므로 가치가 100불을 훨씬 넘을 것이다.

우리 교회는 소그룹이 분가해서 성장할수록 선교 지원이 함께 성장해 가고 있다. 요즘에는 한 사랑방이 한 선교사를 후원하는 경우도 있다. 특히 한 가정이 한 선교사를 후원하는 일도 종종 생기게 되었다. 어떤 장로님 가정은 10가정을

후원하기도 한다. 하나님이 주신 물질이 하나님의 것임을
알고 헌신하는 귀한 가정이다.

감사한 것은, 선교 현장의 현지 청소년들이 한국을 방문하
는 일도 있었다. 그들을 위해 숙식을 제공하는 가정들도 있
었다. 이런 소소한 일들을 통해 보내는 선교사로서의 사명
을 감당하고 있다. 이런 일들은 목회자와 교회 지도자들이
마음을 먹으면 가능하다. 원칙을 세우고 선교적 소그룹을
만들어나가면 하나님의 역사가 일어나게 될 것이다.

선교 사역을 위해 선교 도우미를 세우면 좋겠다. 리더가
모두 진행하는 것보다 협력자들을 많이 세우는 것이 중요하
다. 선교 도우미를 세워 기도 편지를 읽도록 하고 선교 헌금
을 관리하도록 하면 좋은 일꾼이 만들어질 수 있게 된다.

4.

사과나무의 진정한 열매는
또 한 그루의 사과나무이다

소그룹의 분가

장수에서 사과 농장을 하는 집사님이 있다. 처음에 귀농했을 때 다른 사람의 농장을 대신 일구었다. 일명 소작농이었다. 일을 배우면서 점점 전문가가 되었다. 몇 년 후에는 자기 농장을 갖게 되었다. 해가 갈수록 사과나무가 많아졌다. 사과 열매를 많이 거두는 것을 보니 한 나무에서 점점 많아지는 것보다는 사과나무를 더 심는 것이 효과적이었다. 나무가 많아지니 열매도 자연히 많이 수확되었다. 사과나무의 개체 수를 늘리려면 씨앗을 심어야 한다. 또는 질 좋은 나무를 그렇지 못한 나무에 접목해야 한다. 그러면 또 다른 사과나무를 기대할 수 있다. 그러므로 사과나무의 진정한 열매는 또 다른 사과나무라고 할 수 있다.

이 원리를 교회에 접목해보자. 소그룹의 진정한 열매는 또 하나의 소그룹이다. 교회의 진정한 열매는 또 하나의 교회이다. 소그룹의 성장은 분가로서 이루어진다.

소그룹의 진정한 열매는 또 다른 소그룹이다

소그룹은 하나의 유기적 생명체이다. 구원받은 하나님의 사람들이 모여 살아계신 하나님을 경배하는 곳이다. 말씀을 나누고 기도가 살아있는 곳이다. 은혜를 경험하면서 나눔과 섬김이 있는 곳이다. 그러므로 소그룹은 유기적 생명체이다.

생명은 성장하게 되어 있다. 성장하면 자연스럽게 분가를 해야 한다. 소그룹은 사람과 마찬가지로 성장 사이클이 있다. 그리고 분가를 해야 한다. 소그룹의 성장 사이클은 '시작-갈등기-성장기-분가기'로 나눌 수 있다. 처음 모이는 시작 시기에는 긴장도 되지만, 기대도 큰 시기이다. 모르는 사람들이 모여 새로운 그룹을 형성하므로 긴장과 더불어 기대감이 큰 시기이다. 이 시기는 허니문 기간이라고도 부른다.

허니문 기간이 지나면 갈등기가 찾아올 수 있다. 소그룹 멤버들은 서로를 알아가면서 자기와 성격이 다른 사람을 만나게 된다. 소극적인 사람, 말이 많은 사람, 냉소적인 사람, 지각을 잘하는 사람 …. 나와 다른 사람을 만나면서 갈등의 시간이 오기도 한다. 이 시기를 잘 넘겨야 한다. 이 시기에는 리더가 중요한 역할을 해 주어야 한다. 리더는 모든 사람을 품을 수 있는 넉넉한 마음을 가져야 한다. 갈등의 시기를 잘 넘기기 위해서 함께 식사하는 시간을 갖는 것은 좋은 방법이다. 함께 야유회를 나가도 좋다. 할 수만 있다면 1박 2일 정도 여행을 함께 하는 것도 좋은 해결책이다. 어떤 형태로든지 리더가 이 갈등의 시기를 지혜롭게 넘겨야 한다.

이런 갈등의 시간을 잘 넘기면 소그룹이 성장할 수 있다. 또 다른 사람을 초청해 오게 되기 때문이다. 소그룹이 재미있고 의미 있다고 생각하면 부흥하게 된다. 소문이 잘 나면 성장하는 것이다. 소그룹이 성장해 가면 리더는 유심히 관찰해야 한다. 서서히 분가를 생각해야 할 시점이다.

분가는 언제 어떻게 해야 하는가?

모임 인원이 7~8명이 되면 서서히 분가를 준비해야 한다. 모임이 은혜롭고 즐거우면 소그룹은 더 성장한다. 10명이 넘어서면 분가해야 한다. 10명이 함께 모이다 보면 나눔이 어려워지기 때문이다. 누구도 소외되지 않고 말씀을 나누어야 하기 때문이다. 기도 제목을 나누고 간증을 나누어야 하기 때문이다.

분가의 유형은 여러 가지이다. 먼저는 '개척형'이 있다. 두 번째는 반으로 똑같이 나누는 '반반형'이다. 세 번째는 '배려형'이다. 개척형은 리더가 한두 사람만 데리고 나가서 새로운 소그룹을 개척하는 케이스이다. 이 경우는 리더가 개척 정신이 투철해야 하며 적극적인 사람이어야 가능하다. 반반형은 말 그대로 리더가 반절을 케어하고, 예비 리더가 반을 케어하는 경우이다. 배려형은 리더가 생각하기에 예비 리더를 힘들게 할 사람을 잘 파악하여 그들을 데리고 나가는 경우이다. 그래서 신임 리더가 어렵지 않도록 배려해 주는 것이다. 어떤 형태로든 분가해서 내보낸다는 생각보다 리더가 분가해서 나간다는 생각이 중요하다.

분가를 위해 리더를 양육하라

분가를 생각한다면, 반드시 예비 리더를 양육해야 한다. 양육은 두 가지로 해야 한다. 먼저는 교회에서 리더 양육을 위한 양육과정을 만드는 것이 좋다. 리더로서의 성품, 성경 지식, 소그룹 운영 방식 등을 다루어 주어야 한다. 또 하나는 소그룹 안에서의 양육이다. 이를 '보고 배움의 법칙'이라고 한다. 리더는 예비 리더를 세워야 한다. 그리고 항상 예비 리더가 리더를 보고 배울 수 있도록 해야 한다.

리더는 자기를 닮은 좋은 일꾼을 의도적으로 키워야 한다. 그 사람의 열매는 자기 때에 나타나는 것보다, 후계자 때에 나타나는 것이 더 좋다. 예비 리더는 단순히 리더를 돕는 자가 아니라 차기 리더이다. 리더가 예비 리더를 키우는 방법은 다음과 같다.

1) 모델링51: **내가 인도하고, 너는 지켜본다**I lead, you watch.
- 리더는 특별한 도움을 주므로 다른 리더를 만들어가야 한다.
- 리더는 예비 리더 가까이에서 관리해 주어야 한다.
- 리더는 예비 리더가 잘 인도하도록 가르쳐야 한다.

2) 준비시킴S2: 내가 인도하고, 너는 돕는다 I lead, you assist.

● 리더는 예비 리더에게 어떻게 결정해야 하는지를 설명해야 한다.

● 예비 리더는 가르치는 기회를 제공받는다.

● 리더는 예비 리더에게 모델이 되며, 코치가 된다.

3) 도와줌S3: 너는 인도하고, 나는 돕는다 You lead, I assist.

● 예비 리더는 그의 생각들을 리더와 함께 나눈다.

● 리더는 예비 리더가 결정을 잘 할 수 있도록 구비시켜준다.

● 예비 리더는 리더십의 일부분에 참여한다.

● 리더는 예비 리더를 코치한다.

4) 보냄S4: 너는 인도하고, 나는 지켜본다 You lead, I watch.

● 리더는 예비 리더에게 결정권과 실행권을 이양해 준다.

● 예비 리더는 이제 리더가 되었다.

● 리더는 리더십을 이양하고 위임해야 한다.

이런 일련의 과정을 보내며 새로운 소그룹을 함께 만들어 가는 것이다. 이렇게 소그룹이 분가하면 교회는 자연히 건

강해진다. 이런 분가가 자연스러워지면 나중에 교회 분가도

가능해지지 않겠는가?

5.

한 차원 더 높은 기도가
필요한 시대

포스트 코로나 시대의 리더십은 한 마디로 '하나님 사랑, 이웃 사랑'이다. 그동안 한국교회가 잘 해왔던 것은 하나님 사랑이다. 여기에는 누가 토를 달 수 없다. 당연한 일이다. 이제 포스트 코로나 시대에 교회가 관심을 집중해야 할 부분은 이웃 사랑이다.

이를 구약에서는 '정의'라고 말해왔다. 교회는 세상 정의의 잣대로만 볼 것이 아니다. 하나님의 정의가 필요한 시대이다. "너희가 먹을 것을 주어라"라는 주님의 명령을 귀담아들어야 한다. 사회가 교회를 믿지 못하는 시대에 교회는 묵묵히 정의의 길을 걸어가야 한다. 세상이 못 알아주어도 하나님의 정의를 이 세상에 구현해 나가야 한다.

이 사역을 극대화하기 위해서는 능력이 필요하다. 어떤 능력인가? 성령의 능력이다. 왜냐하면, 이웃 사랑을 하다 보면 실망할 때가 있기 때문이다. 섬기다가 실족할 경우가 있기 때문이다.

> 우리가 선을 행하되 낙심하지 말지니 포기하지 아니하면 때가 이르매 거두리라 _갈 6:9

선을 행하다 낙심하지 않으려면 기도해야 한다. 성령의 힘을 의지해야 한다.

한 차원 더 높은 기도가 필요한 시대가 되었다. 교회의 신인도를 높이려면 이전보다 더 큰 노력이 필요하기 때문이다. 비행기가 순항할 때는 힘이 많이 들지 않는다. 그러나 착륙하고 다시 이륙하려면 엄청난 에너지가 필요하다. 포스트 코로나 시대에 교회도 마찬가지이다. 교회가 교회로서 사명을 잘 감당하려면 다시 이륙해야 한다. 엄청난 에너지가 필요하다. 이를 위해서는 강력한 기도가 필요하다.

우리 조국 교회에 다시 금요 심야 기도회가 부흥했으면 좋겠다. 지도자들이 기도를 우선순위에 두고 일하면 되지 않겠는가? 우리 조국 교회에 다시 새벽 기도의 바람이 불었으면 좋겠다. 새벽을 깨우는 지도자가 필요하다. 소그룹의 리더들도 새벽을 깨워야 한다. 장로님, 권사님들도 다시 새벽을 깨워야 한다. 강력한 기도가 뒷받침되면 다시 부흥을 경험하게 될 줄 믿는다.

IV
리더가
리더를 키울 수 있다

>>>>>

부교역자 한 사람을 키우면
한 교회가 행복해진다

미자립교회를 미래자립교회로 도와주기

매일 한 권씩 영어 그림책 읽기

함께하는 독서 모임

담임목사는 전체 성도를 목양하도록 위임받은 사람이다. 그래서 위임목사라고도 한다. 참으로 막중한 일이며 영광스러운 사역이다. 그래서 목사는 "네 양 떼의 형편을 부지런히 살피며 네 소 떼에게 마음을 두라"잠 27:23라는 말씀을 명심해야 한다. 이를 위해 양 떼를 위해 기도하며 성실히 성경을 연구해야 한다. 말씀과 기도에 전무하는 것이 목회자의 책무이다.

본인은 가능한 한 일주일 내내 교회 내에 머무른다. 새벽기도를 인도하고 한 시간 정도 기도 생활을 규칙적으로 한다. 아침에 출근하여 오전 시간에는 다음 날 새벽 설교를 준비한다. 매일 성경 큐티 본문으로 설교를 준비한다. 이것의 장점은 새벽 설교를 준비하면서, 나중에 주일 설교의 기본 자료가 된다는 것이다. 미리미리 연구해 두는 유익함이 있다.

오후 시간에는 주일 설교를 틈틈이 준비한다. 그리고 오후 시간과 저녁 시간에는 좋아하는 책을 읽는 독서의 시간을 갖는다. 심방은 언제 하는가? 심방은 주로 목요일 하루를 정해서 한다. 부교역자들이 교구 일반 심방을 해 주기에 나는 경조사와 특별 심방만을 감당한다.

이것이 나의 일주일간의 시간표요 루틴이다. 그래서 다른 일들이 끼어 들어오면 좀 불편해진다. 가능한 한 이 루틴을 유지하려고 노력한다. 그래서 외부 일정은 가급적 피하고 교회 목양실 안에서 시간을 보낸다. 이렇게 하면 성도들이 안정감을 느끼게 된다. 목사가 '목양 일념'하는 모습을 보여 주기 때문이다.

담임목사의 또 하나의 목회는 부교역자들을 훈련하는 일이다. 리더십의 관점에서 담임목사가 부목회자들을 지도하고 훈련하는 일도 중요하다. 부교역자들을 이용하고 부려 먹기만 하는 것이 아니라, 교육과 훈련을 통해 좋은 리더로 성장하도록 돕는 것도 목회라고 본다.

1.
부 교역자 한 사람을 키우면 한 교회가 행복해진다.

한 사람 안에 한 교회가 보인다

장석주 시인의 〈대추 한 알〉이라는 시가 있다.

저게 저절로 붉어질 리는 없다

저 안에 태풍 몇 개

저 안에 천둥 몇 개

저 안에 벼락 몇 개

저 안에 번개 몇 개가 들어 있어서

붉게 익히는 것일 게다

저게 혼자서 둥글어질 리는 없다

저 안에 무서리 내리는 몇 밤

저 안에 땡볕 두어 달

저 안에 초승달 몇 날이 들어서서

둥글게 만드는 것일 게다

대추야

너는 세상과 통하였구나

대추 한 알을 자세히 보면 세상이 보인다. 마찬가지로 한 목회자를 보면 그의 지나간 세월과 그의 성품이 보인다. 한 목사를 보면, 그 교회가 보인다. 그러므로 목회자 한 분, 한 분이 얼마나 중요한가?

담임 목회자들은 이런 리더십을 발휘하면 좋겠다. 부목사 한 분 속에 한 교회가 들어 있음을 보면 좋겠다. 그래서 설교와 기도 생활, 그리고 리더십을 개발하도록 도와주면 얼마나 좋을까? 나의 멘토이셨던 목사님은 부목사들을 마치 동생처럼 여기셨다. "내 동생이라면 어떻게 도와줄까?"라는 말씀을 늘 하셨다. 잘 키운 목사 한 명이 좋은 교회 하나를 책임질 수 있지 않겠는가?

일머리

부교역자의 리더십 중에 중요한 것은 일머리일 것이다. 공부 머리가 있는가 하면, 일머리도 있다. 이 시대가 요구하는 인재는 어떤 모습일까? 어느 회사에 입사 동기인 대리 두 명이 있다. A는 지능이 높고 유명 대학을 졸업하고 외국어 능력이 뛰어남에도 불구하고 일을 잘하지 못한다. B는 학교 성적이 좋지 않고 영어 성적도 평균 이하이지만 직장에서 일을 잘한다고 상사로부터 인정받는다. A와 B의 차이는 무엇일까?

바로 '공부 머리'와 '일머리'다. 공부 머리란 '지식을 얼마나 많이 알고 있고 얼마나 능력이 많은가?' 하는 것이고, 일머리는 '일의 결과물인 성과에 직접적인 영향을 주는 역량을 얼마나 발휘하고 있느냐?'이다. 단순히 스펙이 좋고 명문 대학을 나왔다고 해서 최고의 인재라고 부르지 않는다. 이 시대가 원하는 최고의 인재는 자기가 하는 일을 통해 회사를 만족시킬 줄 아는 '일머리'가 있는 사람이다.

이 원리를 교회에 적용하면, 교회에서는 일머리가 있는 부교역자가 중요한 사람이다. 교회 일이란 사회의 일과 다른 점이 많이 있다. 사회는 상명하복, 경제적 원리에 의해서 돌아간다. 하지만, 교회는 모두가 자원봉사자들이다. 심지어는 교인들이 헌금을 드리고, 시간을 드리며 봉사하는 곳이다. 그러므로 교회에서의 리더십이 더 어렵다. 움직이지 않는 사람들을 움직이도록 일하려면 일머리가 있어야 한다. 체계적인 준비가 필요하다.

본인의 경험에 의하면, 교회 일이란 유연해야 하면서도 계획성이 있어야 한다. 준비는 철저히 하되 쿠션과 같이 유연성이 있어야 한다. 예를 들면, 임직자들이 감사 헌금을 드릴 때 원칙이 있다. 일정 금액을 헌금해야 하지만, 힘든 분들을 위해서는 예외 규정을 두어야 한다. 우리 교회에서는 임직을 위해 최소의 경비와 최소의 헌물을 준비하도록 한다. 그런데도 그 최소의 비용조차 내기 힘든 분들이 있다. 그러면 교역자가 조용히 상담하고 면제해 주거나 본인이 할 수 있는 분량만 하도록 권한다.

대체로 부교역자들이 착각하는 것이 있다. 그것은 광고만 하면 일이 될 것이라는 생각이다. 교회 광고는 참 중요하다.

그러나 광고를 하되 여러 번 해야 한다. 그리고 광고만 하지 말고 개별적 컨택을 해야 한다. 광고를 숙지했는지, 동참할 의사가 있는지를 다시 확인해야 한다. 요즘은 좋은 집회나 행사가 있어도 성도들의 참여율이 저조한 때이다. 좋은 집회와 행사인데 참여율이 높으면 얼마나 좋겠는가? 그래서 생긴 말이 있다. "교회에서는 동원을 잘하는 사람이 리더십이 있는 사람이다"라는 말이다. 어느 정도 맞는 말이다. 모여야 행사가 진행되고 모여야 은혜를 받기 때문이다. 그러므로 교역자의 리더십 중 사람을 모이게 하는 것이 참 중요하다.

일이 되게 하는 방법으로 본인이 좋아하는 방법은 '노래를 불러라'이다. 좋은 것은 노래를 부른다. 노래를 부르면 자동적으로 기억에 남는다. 교회의 일도 그러하다. 중요한 사안은 늘 노래를 불러야 한다. 금요 심야 기도회를 강조하는 방법은 늘 노래를 부르는 것이다. 새벽 기도회를 위해서도 노래를 불러야 한다. 필요한 영상 광고를 만들기도 해야 하지만, 목회자가 입으로 하는 광고와 심방할 때 강조하는 것이 필요하다. 노래를 부르면 성도들이 따라서 부를 때가 온다. 그러면 일이 이루어진다.

내가 유학을 마치고 부목사로 부임했을 때의 일이다. 수영로교회는 교구 일꾼들의 열심이 대단한 교회이다. 특별히 구령의 열정이 대단하다. 2001년 당시에는 '총동원전도주일'을 참 열심히 했다. 교구별로 목표 인원을 정하고 최선을 다해 초청행사를 진행했다. 내가 맡은 교구의 일꾼들은 참 좋은 분들이었다. 구역장 100여 명이 단합하여 "우리 교구가 일등을 해야 한다"라고 하며 열정이 대단했다. 그런데 교구 목사를 보니 유약해 보였던 것 같다. 미국에서 막 귀국하여 총동원 행사를 해본 경험도 없다는 것을 알게 되었다. 그래도 목사가 불쌍해 보였든지 일꾼들이 더 열심히 전도에 참여해 주었다. "우리 교구 목사님은 미국에서 막 들어와서 아무것도 몰라. 우리가 열심을 내서 우리 교구가 일등을 해야 해요!" 일꾼들의 열심 덕분에 우리 교구는 전도하는 일에 일등을 했다. 한 교구에서 무려 3천여 명을 동원한 것이다. 그때 깨달은 것이 있다. 목사가 리더십이 있던지, 아니면 긍휼히 여김을 받아 교인들이 열심을 내던지, 교우들이 열심을 내어 협력해 주는 것이 얼마나 복된 일인가?

그런데 그런 일은 한두 번이지 결코 오래 가지 않는다. 그

다음은 지도자가 리더십을 발휘해야 한다. 어떻게 계획하고, 어떻게 실행하며, 어떤 결과가 있을지 예측하는 것이 필요하다. 일머리를 배워야 한다. 한 번 성공하면, 다음번에는 좀 더 쉬워진다. 한 번 성공하면, 교인들이 리더를 믿고 따라오게 되어 있다.

나를 가르쳐 주셨던 목사님은 일을 마음껏 해보도록 하셨다. "박 목사가 해보고 싶은 대로 다 해봐. 보고만 잘하고." 참 귀한 가르침이었다. 부교역자들이 마음껏 자기 역량껏 일할 수 있는 환경을 만들어 주셨다. 나는 그 교회에서 6년 동안 일하면서 목회에 대하여 모든 것을 배웠다. 한 사람의 부교역자를 잘 가르치면 한 교회가 행복해지는 놀라운 원리를 아셨을 것이다.

공부 머리

담임 목회 17년을 하면서 은퇴하는 목사님들을 참 많이 봐왔다. 명예롭게 원로 목사가 되는 분도 있다. 어떤 교회는 원로 대접은 해 드리되 자기 교회에는 오지 말라고 결정하는 교회도 있다. 심지어는 원로 목사로 추대하기를 거부하는 교회도 있다. 참 안타까운 일들이 벌어지는 것이 현실이다. 왜 이런 일이 일어나는가?

여러 이유 중 가장 중요한 것은 목회자의 자기 성장이지 않을까 생각한다. 성도들의 이야기를 듣다 보면, 참 안타까운 점이 있다. "우리 목사님 언제 은퇴하셔?" 목사 나이 60이 넘으면 서서히 교인들 사이에서 나오는 이야기라고 한다. 목사님이 연세 드시니 하신 이야기 또 하고, 또 하시니 들을 것이 없다는 것이다. 그러니 빨리 은퇴하시고 젊은 목사님이 부임하시면 좋겠다는 것이다.

나는 이 문제를 설교자의 공부에서 찾아야 한다고 생각한다. 영성과 지성의 문제라고 생각한다. 영성과 지성은 서로 불가분리의 관계이다. '신학대전'을 집필했던 토마스 아퀴나스는 이성과 지식의 중요성을 이렇게 말한다.

"이성을 통해 얻은 하나님에 대한 자연적인 지식이, 믿음을 통해 얻은 하나님에 관한 계시된 지식으로 완성된다면, 우리는 우리를 행복으로 이끌어 줄 완전한 지식을 소유하게 된다."

물론 토마스 아퀴나스의 신학이 아리스토텔레스 철학의 영향을 많이 받은 것은 사실이다. 하지만, 그가 이성과 지식을 절대로 믿음과 분리하지 않았음을 눈여겨 볼만하다. 지도자는 이성과 지식을 계발해야 한다. 여기에 믿음으로 계시의 말씀을 믿어야 한다. 지식과 은혜가 함께 가야 한다. 지성과 영성이 함께 어우러질 때 성숙한 지도자가 되는 것이다. 그러므로 지도자는 공부 머리가 있어야 한다.

기독교가 로마에서는 법이 되었고, 유럽에서는 문화가 되었으며, 미국에서는 기업이 되었다고 한다. 더구나 대한민국에서는 대기업이 되었다는 어느 철학자의 말처럼, 현대교회는 대기업의 정신과 가치를 따르고 있다. 목회를 비즈니스 정신으로 한다면, 교회도 대기업이 되기도 한다. 그러나 이것은 아니다. 목회가 비즈니스가 안 되려면 목회자가 공부해야 한다. 목회자가 시세를 읽을 줄 알고, 사람을 알아야 한다. 시대정신, 사람, 성경을 알려면 목회자는 공부하는 사람이 되어야 한다.

공부의 방법은 여러 가지이겠으나, 여기에서는 목회자의 공부로 독서를 강조하고 싶다. 나는 두 가지 독서 모임에 참여하고 있다. 하나는 익산지역 담임목사들의 모임이다. 12명 정도의 회원을 두고 있다. 신학적인 책을 주로 읽는 모임이다. 첫 시간은 책을 함께 공부한다. 두 번째 시간에는 성경을 연구하기도 하고, 설교에 도움이 되는 자료를 공부하기도 한다. 매주 금요일 아침 7시에서 9시까지 진행하는데 벌써 10여 년째 계속되고 있다.

또 하나의 모임은 우리 교회 부교역자 독서 동아리Lectio Divina이다. 매주 한 권씩 책을 선정해서 독서한다. 각자가 맡은 분량을 요약하여 발표하고, 토론 문제도 준비한다. 책 읽고, 노트하고, 토론하면서 공부한다. 사역하면서 책 읽기가 쉬운 일은 아니지만, 저녁 시간을 틈틈이 이용하여 일주일에 한 권씩 좋은 책을 섭렵하고 있다. 요즘에는 '슬로우 미러클'slow miracle이라는 프로그램을 진행한다. 슬로우 미러클은 하루에 한 권의 영어 그림책을 읽는 프로젝트이다. 영어로 된 그림책이며 동화책이다. 상당히 좋은 글과 그림, 그리고 메시지가 담겨 있는 책들이다. 글 밥이 적은 책들이라 하루에 한 권을 읽기가 그리 어렵지 않다. 일 년이면 200권의 책을 읽는 프로젝트이다. 우리 목회자들은 하루에 한 권씩 영어 그림책을 읽고, 그중 한 권을 정해서 주제 삼아 글을 쓴다. A4 한 장 분량 정도의 글을 써서 발표하고 토론하기도 한다.

요즘 지자체별로 독서 동아리에 대한 지원이 많이 있다. 알아보면 독서 동아리 활동을 하면서 지원금을 받을 수도 있다. 익산시에서는 독서 동아리 중에서 선정하여 1백만 원 정도를 후원하고 있다. 각자의 재정으로 책을 사지만, 공식적인 루트를 통해 책값을 후원받게 되면 기쁨이 배가되지 않을까?

이렇게 끊임없이 공부하여 지성과 영성을 가다듬으면 설교자가 성장할 것이다. 설교자가 성장하면 설교자가 행복해진다. 설교자가 행복해지면 교회가 행복해진다. 교회가 행복해지면 무슨 일이든지 시도할 수 있게 된다.

2.

미자립교회를
미래자립교회로 도와주기

　대한 예수교 장로회 합동측 교단에는 '총회 교회 자립개
발원'이라는 산하 기관이 있다. 교회 자립개발원의 주된 임
무는 미자립교회_{연간 예산 3천만 원 이하}의 목회자 최저 사례비를 보
조해 주는 일이다. 더불어 미자립교회 목회자의 목회 역량
개발에 도움을 주어 자립교회로 성장하도록 돕는 것이다.
그래서 미자립교회를 '미래자립교회'라고 호칭을 바꾸었다.

　주로 하는 사업은 상, 하반기 목회자 자녀 장학금을 지급
하는 일과 목회 역량을 향상하기 위해 세미나를 개최하는
것이다. 최근에는 목회자 이중직_{목회와 직업}을 위한 연구를 하
고 있다. 더욱이 코로나19로 인해 영상예배와 영상 매체 활

용이 급증하는 것을 주목하고 있다. 그래서 작은 교회라도 할 수 있는 '영상 만들기', '사진 활용 기법', '나도 PD' 등의 프로그램을 개설하여 교육하고 있다. 소형 교회는 대형교회만큼 장비가 없지만, 개인 스마트 폰으로도 충분히 영상 사역을 할 수 있도록 도와주고 있다.

교회 자립개발원의 임원과 이사들은 주로 이사회비와 장학금 재원을 조달하고 있다. 이런 이유로 여타 다른 직책에 비해 자원하는 분들이 많지 않은 상황이다. 미래 자립교회에 대한 섬김의 마음이 있어야 가능한 일이다. 본인은 자립개발원의 이사로, 전북권역 위원장으로 섬기고 있다.

이 일을 위해 전북지역에 있는 16개 노회 자립위원장들과 임원들과 긴밀히 협력해야 한다. 특히 상, 하반기에 전달하는 장학금을 위해서는 장학금 재원을 마련하는 일이 큰일이다. 전북지역의 10여 개 교회의 헌신으로 매년 이 일이 가능하게 되었다. 개 교회에서 장학 사업을 잘하고 있지만, 연합 사업으로 동참하는 일은 좀 어렵기도 하다. 지역 위원장의 책무는 장학금을 잘 모금하는 일이다. 이를 위해 설명하고,

설득하고, 요청하는 일을 꾸준히 해야 한다. 다행히도 이 일에 함께해 주는 목사님과 교회들이 있어 너무 감사하다.

또한, 설교 세미나와 성경 공부 프로그램, 디지털 시대 필요한 목회 프로그램 등을 제공하기도 한다. 본부 강사의 지원을 받기도 하고, 자체적으로 강사를 섭외해서 세미나를 개최하기도 한다. 미래자립교회 목회자들의 참여율이 그리 높지는 않지만, 참여한 분들의 반응은 참 좋았다. 설교문 쓰기 훈련, 독서 훈련, 유튜브 방송 제작 방법, 키노트 사용 방법, 성경 본문 연구 등을 통해 지역 교회 목회자들을 돕고 있다.

작은 섬김이지만, 크고 작은 교회가 협력하여 함께 하나님 나라를 위해 헌신하는 일은 참 즐거운 일이요 보람된 일임이 틀림없다. 함께 동역하는 전북권역 임원들께 감사의 말씀을 전한다.

3.
함께 책 쓰기 여행

아프리카 속담에 "빨리 가려면 혼자 가고, 멀리 가려면 함께 가라"는 말이 있다. 유태인 학생들은 도서관에서 공부할 때, 서로 토론하면서 공부한다고 한다. 인발 아리엘리는 《후츠파》에서 이스라엘 교육의 장점을 그렇게 이야기한다. 그래서 도서관이 마치 커피숍처럼 시끌시끌하다. 함께 공부하면 더 잘된다고 한다. 우리와는 좀 다른 풍경이다.

작년 10월에 함께 책을 쓰고자 하는 4명의 목사님이 뜻을 모았다. 함께 책 쓰기 여행을 떠나자는 것이었다. 책 쓰기 코치인 김도인 목사님과 함께 제주도로 책 쓰기 여행을 떠났다. 한 주간의 짧은 시간이었지만, 참 유익한 시간이었다. 각자 책을 쓴 분량은 다르지만, 몇 꼭지 정도는 쓰고 돌아왔다.

함께 모이면 잘 되지만 집으로 돌아오면 쉽지 않은 것도 사실이다. 목회자들은 각자 목회 현장이 기다리고 있기 때문이다. 그래서 우리는 매주 월요일마다 시간을 내어 함께 모여 책 쓰기 여행 후속 시간을 가졌다. 월요일은 목회자에게 있어 하루 휴식하는 시간이지만, 함께 모여 책 쓰기를 하면서 서로를 격려하는 시간을 가졌다.

목회자의 역할 중 하나는 글 쓰는 사람이다. 글이 좋아야 설교문이 좋다. 설교문이 좋으면 성도들이 설교를 듣게 된다. 함께 책을 읽고 책을 쓰면 장점이 여러 가지이다. 먼저는, 동기 부여가 된다. 서로에게 격려가 되면서 함께 책을 쓸 수 있다. 둘째는, 서로에게 도움을 줄 수 있다. 각자의 소재를 나누면서 좋은 아이디어를 공급받을 수 있다. 셋째는, 포기하고 싶을 때 다시 도전할 수 있는 마음이 생기게 된다. 한 권의 책을 쓰는 일은 쉬운 일이 아니다. 하지만, 함께 하면 함께 성공할 수 있다. 이런 좋은 친구들이 있으면 함께 멀리 갈 수 있지 않겠는가?

포스트 코로나 시대의 리더십,

정의로운 교회

에필로그

코로나 팬데믹이 이제 막 엔데믹으로 전환되고 있다. 코로나 출구 전략이 무엇인가? 목회자를 비롯한 교회 지도자들은 이에 관심을 가져야 할 시기라 생각한다.

본 책자는 코로나 이후, 엔데믹 시대를 열어갈 몇 가지 아이디어들을 소개했다. 본인과 본인의 교회가 경험했던 이야기들이다. 소소한 프로젝트들이지만, 그러기에 누구나 시도해 봄 직한 프로젝트라 생각한다.

이 시대가 원하는 리더의 모습은 어떠한 것인가? 늘 고민되는 이야기이다. 하나님의 은혜로 구원받은 교회, 놀라운 은혜를 받았으니 그 은혜를 세상에 나누는 교회를 다시 생각해 보았다. 하나님이 원하시는 교회의 모습은 정의를 실천하는 교회가 아니겠는가? 교회에서 힘을 얻어 세상으로

나아가는, 움직이는 교회가 되어야 하지 않겠는가? 이를 본
서에서는 '정의로운 교회'라고 불렀다.

정의로운 교회가 되려면 먼저 리더가 하나님의 정의와 관
심에 관해 공부해야 한다. 그리고 시대가 원하는 일에 관심
을 갖고 추진해야 한다. 실천이 있어야 능력이 생긴다. 각자
의 상황과 환경을 고려하여 각자 교회의 형편에 맞는 프로
젝트를 시행하면 어떨까?

리더가 꿈꾸면 그런 교회가 된다. 하나님이 리더에게 주신
비전을 붙잡고 리더는 꿈을 꾸어야 한다. 사람을 훈련하고,
하드웨어를 고려하고, 건강한 소그룹을 만들면 좋겠다. 그
런 교회라면 젊은이를 비롯한 모든 계층의 성도들이 관심을
갖고 모여들지 않겠는가?

무엇보다도 교회의 사명을 다시 생각해야 한다. 주님의 지
상명령The Great Commission을 수행하는 교회가 되어야 할 것이
다. 리더가 선교적 교회를 꿈꾸면 선교적 교회가 될 수 있다.

지역 사회에서 출발하여 열방을 품는 선교적 교회를 만들어 가면 주님이 반드시 축복하시는 교회가 될 것을 확신한다.

리더가 성장하면 또 다른 리더를 생각해야 한다. 리더는 자기만 잘 먹고 잘 지내는 사람이 아니다. 다음 세대, 차세대 리더를 키워야 한다. 리더는 자기가 배운 것을 향상하고, 배운 노하우를 다른 리더에게 이양해 줌으로써 더 좋은 리더를 만들어내야 한다. 주님이 제자훈련을 하신 것처럼 다음 세대를 키워주는 좋은 리더가 많이 나오기를 기도해 본다.

정의로운 교회는 더욱 정의로워야 한다. 정의로운 교회가 되는 비법은 십자가 정신이다. 섬기고 사랑하고 축복하는 일이다. 포스트 코로나 시대에 이런 교회가 많이 일어난다면 이 땅에서도 하나님의 나라를 경험하지 않겠는가?

ㄹ

글과길